保育士おとーちゃんの「心がラクになる子育て」

須賀義一

PHP文庫

○本表紙図柄＝ロゼッタ・ストーン（大英博物館蔵）
○本表紙デザイン＋紋章＝上田晃郷

はじめに

いま子育てする人は、とても大きな悩みや難しさに直面しています。

多くの人が感じているその難しさのひとつは、「子どもをこうしなければ！」と思うのに、少しもそうなってはくれないこと。そして、そのときに抱く無力感です。

子どもの行動がなかなか思い通りにならないというだけならば、「子どもの世話は大変だわ」と愚痴をこぼしながらでも、なんとか乗り越えていけますが、子どもへの関わりが最終的に無力感、徒労感《とろうかん》を生むようになると、子育ては辛《つら》く、いやなものになってしまいます。また同時に自分への自信も喪失していくので、子どもに向き合うこと自体が苦痛になりかねません。

もうひとつ、子育てする人が苦しんでいることがあります。それは、自分へ向けられる周囲からの視線です。子どもを思い通りにできていないことを、実際はそうでないとしても、「周囲の人は私のことをダメな親と思っているのではないだろうか」「だらしがない親だと責めているのではないか」と自分に対する非難として受けとってしまうことです。

子育てに一生懸命な人、まじめな人ほどそのように感じてしまいがちなので、子どもを大事に育てたいと考えれば考えるほど、そのようになりやすい傾向があります。そこに、無力感、徒労感、自信喪失が重なれば、なおさら子育ては辛いものになってしまいます。

このような子育ての辛さや大変さが、現代の子育てをより一層困難なものに感じさせてしまっています。

この本は、おもに乳幼児期のお子さんをお持ちの方の、子育てで直面するリアルな悩みの助けになるべく書かれています。

僕は保育士として大勢の子どもと関わってきた経験から、日々の子どもへの実際の対応の仕方だけでなく、その向こうにある子育てへの無力感、徒労感、自信喪失、周囲からの視線の問題なども見据えて、子育てを根っこから無理のないもの、ラクなものへと変えていきたいと思っています。

子育てする人から多く寄せられる悩みや相談に答える形式で書かれてはいますが、よくあるQ&Aのように「こうすればこうなります」という一問一答式の伝え方はしていません。

子育てはそれぞれが異なっており、本当に大きな悩みほど、そのような紋切《もんき》り型の答えでは解決しがたいからです。

また、子どもを大人の思い通りにするための〝テクニック〟といったことも考えていません。そのような〝テクニック〟は、その場しのぎにしかならず、問題をより深刻にしてしまうこともあるからです。

子どもの見せる難しい姿は、実はそれまでの大人の関わり方やその姿勢に原因がある場合もあります。

ですから、この本では「どうして子どものそういう姿が出てしまうのか？」「大人はそういう姿をどうとらえたらいいのか？」「その背景にはなにがあるのか?」といった、子どもの姿や子育ての根っこにあるものも考えていきます。

また、子育てのなかで出てくるさまざまな悩みに答えの一例を示すとともに、壁にぶつかってしまったとき、子育てが苦しくてどうすればいいかわからないとき、それをなんとか明るいほうに進められるようなヒントを散りばめました。

それが必ずしも、そのまま答えとなるわけではないかもしれませんが、お手上げになって子育てを投げ出してしまいたくなったときの、とっかかりにはなると思います。


もともと保育士になる前、僕は小さい子と触れ合うことが多かったわけでもなく、ましてや子どもの相手をすることがうまかったわけでもありません。

たまたま偶然が重なって保育の仕事を目指し、子どもがどういう存在なのか、子どもとどう関わればいいのかを学んできました。

そして、自分でも子育てをしてみて、子どもと関わることやともに過ごすことの喜び、楽しみ、さらには子育てによって自己実現するといった経験もできました。

しかし、周りを見渡してみると、そのように子育てを楽しめている人ばかりではありません。それどころか、子育てに大変さや辛さばかり感じている人が大勢います。

子育てがうまくいかないことで、「私がよい親でないからだ」と自分自身を責めていたり、子どもに対して強い責任を感じているがゆえに、かえってその重圧から「放任」になってしまったりする人もいます。

ですから、子育てがうまくいっていないと感じる人へ伝えたいと思います。どうかご自分のことを責めないでください。その子育てをいいほうへ向けていく方法は必ずあります。

子育てに一生懸命な人や、子どもを大事に思っている人ほど〝完璧《かんぺき》な〟子育てを目指してしまいがちです。

しかし、完璧な人がいないように、完璧な子育てもありません。むしろ、子育ては完璧なものでなくともいいのだと思います。そんな難しくなってしまっている子育てを立て直すためのヒントも、この本のなかに見いだせるのではないでしょうか。

子どもと過ごす毎日が楽しいと、それはそのまま大人にとっても人生の豊かさにつながります。反対に子育てが苦しいと、毎日が本当に辛くなってしまいます。人はみな幸せになることを目指して生きています。その方法はいろいろありますが、子育ての日々が充実していて、子どもとともに笑い合って過ごせることは、そのひとつになると思います。

僕は、家族で食卓を囲んだり、子どもと一緒の時間を過ごしたり、子どもたちが楽しそうに遊んでいる姿を見るたびに、自分は幸せだと感じます。子どもを通して、僕の人生はこんなにも豊かになったと自信を持って言うことができます。

それはいくつかの偶然が重なって保育士になり、子育てのなかで本当に大切なことを知ることができたからだと思います。

それを今度は、多くの人に伝えることが自分の使命なのだと感じています。子育てを通して、子育てする人も、そしてもちろん子ども自身にも、より豊かな人生をあゆんでほしいと願っています。

須賀　義一

目次 保育士おとーちゃんの「心がラクになる子育て」

その4　友達関係の悩み

その5 子どもとの関わり方の悩み

その6　子どもとの距離感に悩んでいる人たちへ

その1 子育てに悩むすべての人へ

「叱らなくていい子育て」でいこう!

前作『保育士おとーちゃんの「叱《しか》らなくていい子育て」』では、文字通り叱らなくて済む子育てのあり方について述べてきましたが、僕は子育てする上で「叱る」必要って、実のところそれほどないと思っています。よく誤解されるのですが、それは「叱ること」がいいとか悪いとか、「叱ってはいけない」といった話ではありません。

子育てをする上で、〝あること〟をきちんと意識すれば、「そもそも子どもはそんなに世の大人が思っているほど、叱らなくていい存在になるんですよ」ということです。

僕は、これまで親御さんと接してきて、いまの子育てのなかで〝あること〟がとても少なくなっていることを感じてきました。特に、子育てを大変に感じている人、子育てに悩んでいる人にその傾向が多く見受けられました。また、いまの時代のように保育園に子どもを長時間預けることが当たり前になった状況では、それは顕著です。

多くの人が、「これが子育てというものだろう」と当たり前に考えてきたものが、現代では徐々に実情にそぐわなくなってきているのではないかと感じます。そこで僕は、その〝あること〟を明確に意識して子育てをすることで、より楽しく無理のない子育てがおくれるだろうと考えています。

「受容」は子育てのスタートライン

その〝あること〟とは、「受容《じゅよう》」です。

「受容」という言葉は聞き慣れないかもしれませんが、読んで字のごとく、子どもを「受け止める」「受け入れる」ことです。

これまでの日本の子育ては、「抱き癖《ぐせ》がつく」「甘やかすな」といったフレーズに見られるように、子どもを受け入れることをどちらかというと「あまりすべきでないこと」ととらえる傾向がありました。

例えば、子どもが「甘え」を見せてきたとき、それを当然ととらえるよりも、「いつまでも甘えていてはいけない、甘えさせないようにしなければ」といった意識でいた人も多いことでしょう。

かつての子育て環境、家族環境では、そういった姿勢でいることが必要だったのだろうと思われます。ことさら甘えを受け止めることを考えずとも、子どもに関わる人の多さや、家庭の持つ余裕、子ども同士のコミュニティなどが自然にそれをおぎなってくれていたのでしょう。むしろ、「甘え」を受け止めることが、子どもを依存的な性格にしてしまって子育てを難しくしてしまったのかもしれません。そうなると、確かに「甘やかすな」と、子どもに対して受容的な態度をとらないようにする必要があったと考えられます。

しかし、現代では家庭や子どもをとりまく環境は大きく変わりました。

これまでのように、子どもを「受容」することに無頓着《むとんちゃく》でいたり、「受容的にならないように……」といった抑制的な姿勢では、子どもの難しい姿を招きかねません。

そのために、これからの子育てでは、子どもを「受容」すること、そしてその受容によって子どもを「満たす」ことをきちんと意識し、関わっていくことが必要になってきています。

「満たす」ってどんなこと？

子どもはとてもか弱い存在として生まれてきます。大人に守られなければ生きていけません。それゆえに、大人に「見守られていたい」「大切にされていると実感したい」「あたたかく関わってほしい」といった欲求を、誰しもが切実なものとして持っています。

その欲求が満たされていないと、子どもはそれを別なかたちで出さなければならなくなります。または鬱屈《うっくつ》した思いとして心に溜《た》め込まなくてはならなくなってしまいます。別なかたちとは、たいていは大人が好ましく思わないものとして出てきます。イライラしたりゴネてみたり、落ち着きのなさや、攻撃性、衝動性、大人を困らせることで注目をひこうとすることなどなど……。

逆に、適切に満たしてあげれば、子どもの心は安定して関わりやすくなり、本来持つかわいらしい姿を出しやすくなります。

「受容」を基礎におけば、大人にとっても子育ては無理のないものとなるでしょう。

「信頼関係」が子育てを楽しくしてくれる

子どもは、受容され、満たされていると、その大人を大好きになっていきます。やがては大人全般を信頼すべきものと認識するようになります。これが「信頼関係」です。

一歳の子を持つお母さんがいました。このお母さんは、「子どもを甘やかすのはよくないのではないかしら……」と、その子の「甘え」を受け入れないようにしていました。

その子は、ちょっとしたことで感情的に泣きわめいたり、おむつがえなどの大人からの求めに、ことあるごとにかんしゃくで返したりと、難しい姿がたくさん出ており、お母さんは子育てに悩んでいました。

しかし、「受容してよい」ということを知らないがために、「甘やかすのはよくない」という考え方のもと、子どものそういったネガティブな姿に対して、叱ったり、怒ったりすることで、対応していきます。いくら叱ったところで、子どもの姿は難しいまま変わらず、むしろ月齢があがるほどに関わりにくさも増していっているようでした。お母さんはほとほと疲れ切ってしまって、子どもを見ても笑顔が出ません。あたたかく関わってあげることも、そうしなければという思いとはうらはらに、まったくしてあげることができません。

やがてその子は、自分の頰《ほお》を爪を立ててひっかくという自傷行為を繰り返すようになってしまいました。

その後、保育園に入園しますが、「人に対する信頼感」がそれまでに養われていないので、なかなか保育士にもなじめませんし、その環境のなかで安心して過ごすことができません。周りの子どもへの噛《か》みつき行為がたくさん出ていました。

この段階でお母さんは、保育士から「甘え」は悪いものではないこと、それを受け入れたり、自分からあたたかく関わってあげる心の交流が大切なことを聞いて、保育士から教わった子どもとの関わり方、親子で向き合う遊びを、慣れないながらも見よう見まねでしはじめます。

それを少しずつ続けていくことで、だんだんと難しい姿が減っていきました。まず自傷行為がなくなり、家庭でもいつもイライラしてお母さんへの要求ばかりが多かったものが、楽しそうな様子でひとりで満足して遊ぶ姿も見られるようになってきました。食事のときも、毎回ゴネてばかりだったのに、喜んで食べるようになりました。あれほど毎回激しく抵抗していたおむつがえも、むしろ自分からおむつを持ってきて替えさせてくれるようになりました。（このとき、お母さん

は涙が出るほどうれしかったそうです）

保育園でも、それまでは保育士からの関わりを拒否することが多かったのに、ようやく自分から甘えられるようになってきました。他の子がそばへ寄ってきても不安になって噛みつくことがなくなり、おもちゃを渡してあげたりする交流も見られるようになってきました。

ここにきて、お母さんも「ようやく心から、子どものことがかわいいと思えるようになりました」と話してくれるほどになりました。

子どもは、あたたかく身の回りの世話をしてもらったり、甘えたい気持ちを親に受け止めてもらって安心したり、楽しいことを親と共感したりといった心の交流を積み重ねていくことで、親を信頼し、その親の気持ちに寄り添いたいと自然に考えるようになります。やがてはその信頼関係が、親だけではなく、他の大人全般に対するものとして広がっていくのです。

このことが〝子育ての基礎〟になります。

「受容」がなされ、「満たされて」日々を安心して過ごすことができ、そのなかで大人への「信頼感」を育《はぐく》んでいく。

まずはじめに、この〝子育ての基礎〟がなければ、どれほど大人が頑張って何かを教え込んだところで、子どもに適切に身につけさせることはできません。

逆にこの〝子育ての基礎〟さえしっかりとしていれば、ひとつひとつのことを大人が躍起《やっき》になって教え込もうとしたり、「できるようにしなければ」と過干渉をしたり、「それはするな、それはよくない」とクドクドとダメ出しをしたりする必要はさほどなくなります。子どもは信頼する大人の気持ちに寄り添いたいと自分から思うようになりますし、教え込まずとも、信頼する大人の姿を見てそれと同じ規範を自然と身につけていきます。子どもには、自分自身で育つ力がちゃんと備わっているのです。

コツは、「先回りした関わり」

そうは言っても、子育てには大人の思い通りにいかないことだっていっぱいあります。また、頭ではわかっていてもなかなかうまくできなかったり、忙しかったり余裕がなかったりして、子どもに十分に関われないことだって当然あります。その子、その親のおかれた状況も、人によりさまざまです。子どもの成長段階には、イヤイヤ期や発達の大きなステップアップの時期、子どもの姿の難しさが全面に出てくることもあります。「これまで受容なんて意識してこなかった。子どもの姿がもうすでに難しくなってしまって困っている」という人だって少なからずいることでしょう。

そういうとき、それを変えるきっかけになるのが、「先回りした関わり」です。「先回りした関わり」とは、「子どものお世話をなんでもかんでも早手回しにしてあげましょう」という〝過保護〟にしなさいといった意味ではありません。子どもが、難しい姿を出して対応が困難になってから、その対応に苦慮しつつも頑張るのではなく、「難しい姿になる前に、子どもの姿を安定させてしまおう」という、ある種の発想の転換のことです。

幼少期の子どもは、〝大人との関わり方〟次第でさまざまな難しい姿を出します。その難しい姿に振り回されて、そこへいくら対応をしたとしても、原因の根っこが解決しなければ、結局のところ少しもいいほうへ進みはしません。

例えばこんなケースがあります。

保育園にある三歳の男の子がいました。お父さんお母さんは、子どもをかわいがったり受容することがあまり得意な人ではありません。子どもは毎日長時間保育園で過ごしています。そこへ両親の多忙が重なって、余計に「満たされている」実感が得られなくなってきています。

一歳、二歳の頃から、両親は子どもに振り回され気味でしたが、小さい頃は行動範囲も狭く、力もそれほどないので、いざとなれば力ずくで動かしてしまうことも、モノやお菓子で釣ってごまかしてしまうこともできました。

しかし、三歳になって、ごまかすことも力ずくで対応することもできなくなりつつあります。お父さんやお母さんが保育園にお迎えにくると、必ず困らせるようなネガティブな行動をとります。それまで普通に楽しそうに遊んでいたのに、急に遊び相手の子にモノを投げつけ、けんかをふっかけたり、周りの子どものおもちゃを蹴り飛ばしてちょっかいをだしたり、「○○がほしい」「○○が食べたい」とゴネたり、親の言うことを聞かず走ってどこかへ行ってしまったり……。

お父さんお母さんは、その子の「○○がほしい」といった要求に応えようと〝いいなり〟になっていたり、うんざりした顔で追いかけ回したりと振り回されてしまっています。疲れているときは〝無視〟してしまっています。

その子が他の子に乱暴なことをして相手を泣かせてしまったりすると、お父さんは怖い顔で叱り飛ばします。お母さんはうんざりした落胆《らくたん》しきった表情になり、無言になり、怒りを心の内に溜めています。

この子は、どれほど大人が〝いいなり〟になってうわべの要求に応えてあげたり、すべきでないことに対して怒ったり叱ったりしたところで、少しもそれらの行動が改善されることはありません。

問題の原因はそこにはないからです。

このように子どもがネガティブな行動をしだしてしまってから、それに対する対応をどれだけ頑張ったところで、さほど状況は改善されません。むしろ、それをそのまま続けていけば、やがて親はいつも叱ってばかり、怒ってばかりの大人になって、子どもを押さえつけ続けるしかなくなってしまいます。

受容が欠乏している状態での、叱られたり、無視されたりといった子どもにとって「否定」を感じさせるような行為は、「信頼関係」を損《そこ》なうだけです。それでは、余計に子どものネガティブな行動が増えてしまいかねません。

これを根っこから解決するためには、ネガティブな行動に「先回り」して〝よい関わり〟をする必要があります。〝よい関わり〟とは「信頼関係」を厚くするような関わりです。

親も子も気持ちよく関われるときに、笑い合ったり、ともに楽しい経験を共有したりすることで、あたたかく見守られている実感を子どもに与えられるような時間を積み重ねていきます。どれほど子どもへの対応を頑張ったとしても、子どもに向ける顔が、うんざりした顔や怒った顔ばかりでは、子どもは大人の期待に応えたくてもそれを素直にすることができません。

子どもとの関わりの基本には、あたたかく受容的な関係が必要なのです。それが十分にあって初めて、子どもがなにかしてはならないことをしたときに、怒ったり叱ったりという大人の対応が子どもの心に響くようになります。

ですから、子どもの慢性的なネガティブな行動を解決する道は、「ネガティブな行動に先回りしてよい関わりを持ち、信頼関係を厚くすること」なのです。

もし、子どもの難しい姿に直面してしまったら、対応の出発点を「子どもの難しい姿を押さえつけること」ではなく、「あたたかな受容的な関わりをする」ところから始めてみてください。

前作『保育士おとーちゃんの「叱らなくていい子育て」』では、そのもっとも簡単で効果的な方法として「くすぐり遊び」を紹介しました。

くすぐりは、子どもと関わることが不慣れでも簡単にすることができ、それでいてとても密度の濃い関わりをちょっとの時間でも持てます。それは、くすぐりには、次のようなとても重要な要素が詰まっているからです。

●スキンシップ

身体をくすぐられることで、子どもは皮膚感覚の心地よさを感じます。それによって、〝人との関わりは心地いいものだ〟という経験を実感として持たせてあげることができます。

●積極性

大人のほうからアプローチすることで、子どもは〝大人に関心を持ってもらっている〟〝ちゃんと見てくれている〟と感じ、安心感、満足感を持ちます。〝子どもがゴネたから相手をする〟〝子どもが要求したからそれをかなえてあげる〟では、遅いのです。大人が後手後手《ごて》の関わりをしていては、子どもはなかなか満たされません。

〝大人から積極的に楽しい関わりを持とうとする〟、このことが大切なのです。

●共感性

くすぐられて楽しくなる、同時にくすぐってくれているお父さんやお母さんも笑顔になって、〝楽しい時間を共有し、ひとつの経験から同じ喜びを得ている〟。そう感じることは、満足感とともに、その人への信頼感を大きくしてくれます。

もちろん、「くすぐり」でなくとも、このような経験はさまざまなことから得られます。ゆったりとした時間に絵本を読んであげることだってコミュニケーションだし、顔遊びや手遊びだっていいでしょう。お話を聞いてあげることにも、子どもは満足感、安心感を感じます。戸外での追いかけっこも、くすぐりと同様に積極性や共感性を子どもが強く実感できる遊びです。

でも、そういった関わりも大人が〝無理をして〟とか、〝イヤイヤ〟やっても意味はありません。無理して子どもの相手をするくらいならば、「いまは○○だからできない」ときっぱり言ってあげたほうが、子どものためなのです。無理をしてやったとしても、子どもは大人のその心に気づくので、満たされることはありません。〝できるときに気持ちよく〟がポイントです。

子どもがネガティブな行動をするのには、理由があるのです。子どものうわべの姿に振り回されないで、その行動の根っこを見てみましょう。

子どもを伸ばすのは「しつけ」ではありません

なぜ、子どもを押さえつける関わりを、日本の子育てでは好んでしてしまうのでしょうか？　その原因は、これまで日本で重視されてきた「しつけ」の子育てにあるのではないかと僕は考えています。

「しつけ」の子育ては、「子どもが〝正しい姿〟になることを、親に求めていく子育て」です。

そのため、さまざまな規範を子どもに身につけさせることを、世間が親に要求します。それがさらに、「○○ができなければならない」といった、「育ち」を親が子どもに求めていくことになります。例えば、「△歳までに断乳しなければ」とか「△歳までにおむつをはずさなければ」、「人見知りをしてはならない」などなど、その子の個々の個性や発達とは違う次元で子どものあるべき姿を要求されてしまっています。

子育てにおいて、親は子どもにはたくさんの「正しい姿」「できること」を求め、親にはそれを子どもに獲得させることを世間が求めているという〝要求の二重構造〟があります。

このことは子育てをとても窮屈《きゅうくつ》なものにしているのではないかと感じます。親は子どもに正しい姿を持たせなければと、なかば強迫観念にせっつかれているようです。そのため、子どもが正しくない行動をとれば、叱ったり、怒ったりして「否定」するようになってしまうのです。

大人は、「ダメ出しや否定を繰り返していれば、そのうちそれはしなくなる」と無意識のうちに考えてしまっているようですが、実際のところ必ずしもそれが正しいとは限りません。

子どもが小さいうちは、大人がごまかしをしたり、力ずくで言うことを聞かせてしまうことはできます。しかし、自我が発達し、行動力がつき、力もついてくると、ちょっとしたダメ出しでは子どもは言うことを聞かなくなります。すると、大人はさらに強い言葉で、子どもの行動をコントロールしなければならなくなります。これが「叱る」や「怒る」という行為です。それもしだいに慣れてくれば言うことを聞かなくなり、大人はさらに強い関わりを……といういたちごっこです。

しかも、それでは強い関わりをする人の前では言うことを聞いたとしても、そうでない場面では結局大人の思い通りには行動してくれません。なぜなら、大人が「正しい姿にしよう」と思ってしている行為は、子どもの行動を押さえつけているだけにすぎないからです。

いくらうまく押さえつけたところで、子ども自身に理解させたり、自発的に行動するといった「育ち」を身につけさせているわけではありません。ダメ出しされたり、叱られたり、怒られたりしたとき〝だけ〟、それをしないのであって、その押さえつけがなくなればまたネガティブな行動をとりはじめます。

このような子育てのかたちが、これまでの日本の子育てのスタンダードだったと思います。

かつて、家族が大人数だったり、さまざまな余裕があり、子どもの居場所があった時代ならば、そのような「しつけ」の子育て法によって、規範を教え込むところからスタートすればよかったのかもしれません。

しかしいまの時代、怒るや叱るなどの〝否定的な関わり方〟を子育てのアプローチの中心にしてしまったら、子育ては難しいものとならざるを得ないでしょう。

「しつけ」は、子どもの「正しい姿」を求めます。その「正しい姿」は間違っていないのかもしれませんが、制止や禁止、否定を積み重ね、子どもをあるべき型に押し込もうとするような関わり方は、現実的に無理がきています。

つまり、「しつけ」は子どもの「正しい姿」を求めているにもかかわらず、その方法ではその「正しい姿」を子どもに持たせることが難しくなっているという矛盾が出てきているのです。

例えば、その現実の一端を見てみましょう。

大人は外出先で子どもを静かにさせておくことが要求されています。子どもがおとなしい性格で、自然にそうなっていればいいですが、そうでなければ静かにさせようと、しきりに「シーっ」と言ったり、「うるさいっ」「静かにしろ」と怒ったり叱ったりしてしまいます。または、「うるさくしているとお化けがくる」などと脅《おど》したり、お菓子で釣って子どもに言うことを聞かせようとします。人によっては、それらのアプローチをいくらしても子どもが思い通りにならないことから、無視や無関心になってしまうこともあります。

現代の多くの人が行き着いてしまっているのが、叱ったり怒ったり、言い聞かせたりの繰り返しに疲れきってしまって、子どもをおとなしくさせるためにと携帯ゲーム機を与えて、とりあえずの「静かにしている（騒いでいない）」状態をつくり出そうとするケースです。しかし、子どもが小さいうちからゲーム機を与えたことで、後に問題が出てくるケースも少なくありません。こんなことがいまの子育ての現実となってしまっています。

また、たくさんの「正しい姿」や「できること」を求める「しつけ」の子育ては、大人を「過保護・過干渉」にさせてしまいます。この「過保護・過干渉」が、子どもの姿を難しくして、世の親を悩ませる大きな原因ともなっています。

そして、「しつけ」の子育ては、大人が持っている規範や、子どものあるべき姿像に子どもを当てはめていくものなので、つねに「大人が〝する側〟、子どもが〝される側〟」になってしまいます。大人が「主体」で、子どもが「客体」なのです。

このことは、さまざまな問題点をその後に生み出していきます。例えば、

●大人が上で、子どもが下という価値観
●子どもをひとりの人格とは見なさず、親の従属物のようにとらえてしまう見方
●成長の過程で出てくる「反発」「反抗」を〝悪いもの〟ととらえてしまう見方
●子育てをいつの間にか、〝子どもの「管理」「支配」にしてしまう〟こと
●「管理」「支配」ゆえに、慢性的な「叱る」「怒る」、ひいては「体罰」までも招いてしまうこと
●大人の直接の「干渉」によって子どもの「正しい姿」「できる姿」をつくり出そうとすることで、子どもに大きなストレスをかけること。このストレスが子どもの難しい姿を生む原因となること

このように多くの人が「子育て＝しつけ」だと思っていることが、現代の子育ての難しさの一端になってしまっているのです。ですから僕は、これまでの子育てを見直し、「しつけ」に頼らない子育て、新たな子育てのあり方を提案したいと思います。「しつけ」で子育てをスタートしてしまうと、しばしば「受容」の入り込む余地のない子育てになってしまうからです。

少なくとも、「しつけ」で子育てを考えてしまう前に、

「受容」→「満たす」→「信頼関係」

このことを子育ての基礎において、子どもへの関わりをスタートしてほしいと思います。

現代は、子どもも大人も「自己肯定感の低下」の問題がさかんに取りざたされています。「ニート」や「引きこもり」も大きな社会問題になっています。学校

でも「いじめ」や「学級崩壊」などは、どこにでもある問題です。

しかし、これらの問題も、ずっともとをたどっていくと、「受容」から「信頼関係」への一連の子育ての基礎の欠如が原因ではないかと、僕は多くの家庭や子どもたち、そして子どもたちの大きくなった姿を見てきて強く感じています。

例えば、「学級崩壊」は、必ずと言っていいほど「人への信頼感を持てていない子ども」がその引き鉄《がね》となっています。家庭において、「かわいいね」「大好きだよ」とあたたかく受け止められず、否定されることばかりが多く、自己肯定感を育んでこられなかった子が、人間全般を信じられないために、外の社会である学校でも、そこの大人である先生を信頼したり尊重したりすることができずに、あえて困らせることをしてしまっているのです。

また、学級崩壊を主導するほどでなくても、やはり他者への信頼感をあまり育めておらず、影響されやすい子がたいていのクラスにはいるものです。そうなれば学級崩壊と呼ばれる事態は簡単に起こってしまいます。

そういった子どもの心の根っこには、「自分を見てもらいたい」「あたたかく受け止めてほしい」といった気持ちがあるのでしょう。しかし、年齢があがるほど、そうしてもらうことは難しくなってしまいます。

現代では、もう「ダメ出し」から出発する子育ては限界を迎えてしまっています。どうか、子育ての一番最初には「受容が必要」ということを覚えておいてください。

次の「その2」からは、よくある子育ての悩みについてみていきます。個々の問題は多様なので、必ずしもその悩みがここに書かれていることで解決するとは限りませんが、子どもの姿のとらえ方や、対応の参考にしていただければと思います。

その2 食事の悩み

食事でうまくいかないとき、どうすればいいの？

子育てで最初に大変だと感じやすいのが、食事についてです。

「食事を食べてほしい」
「食事のときにこういうことをできるようになってほしい」

そのような親の思いとはうらはらに、子どもはなかなかそうはなってくれません。そこで悩む方も多いでしょう。

ここでは、食事についてのよくある悩みをいくつかとりあげて、食事のポイントを考えていきたいと思います。

Q.「手づかみ食べ」がいいと聞きますが、どうしてですか?

A. 親は子どもに、「とにかく食べてほしい」と思ってしまうので、目の前にある食事を食べさせることに気持ちがいってしまうのですが、乳児期の食事では食べることだけでなく、そこでの心も発達させてあげることが大切です。

どんな心の発達かというと、それは「食べる意欲」です。

例えば、大人にスプーンで食べさせてもらっているばかりでは、それが当たり前になってしまって、自分から食べようとする意欲を持てなくなってしまうこともあります。

そこで、「食べさせられる」のではなく、自分から進んで食べたいものを口に運び、「食べることが楽しい」という経験をたっぷりとさせることが、あとあとまでの「食べる意欲」へとつながります。

ですからお子さんが小さいうちは、こぼさないこと、汚さないこと、スプーンを上手に使えることなどを気にしすぎてしまうより、「手づかみ食べ」をたっぷりとさせてあげることで、食べることの楽しさ、意欲を育んであげるといいですよ。

Q．自分だと食べこぼしが多いので、大人が食べさせてしまっています

A．食べこぼしを気にして、ついつい大人が食べさせてしまう人や、こぼすことにイライラして怒ってばかりといった人も少なくないようです。確かに、こぼさず食べることや、食べ物を粗末にしないことなども、子どもに伝えたい大切なことです。

しかし、三歳くらいまでの子ですと、まだ食べるのが上手ではなく、悪気がなくともこぼしてしまうのは普通にあることです。では、大人が食べさせていればそのうち年齢とともに上手になるかというと、必ずしもそうではありません。

大人が食べさせてしまえば、確かにそのときはこぼすことはないですが、それは子どもが自分の力でできるようになっているわけではないのです。

むしろ、それを大人がしてしまうことによって、子どもに「自分でうまく食べられるようになる経験を奪っている」ことになりかねません。

食べさせてあげることがいけないわけではないですが、多少の食べこぼしには目をつぶって自分でやらせてみることも大切です。そして、食べこぼしがあるようでしたら、「こぼしてますよ、気をつけてください」といった声がけをして、少しずついいので自分で気づかせるようにしていくといいでしょう。

ただし、あまりしつこく言いすぎればかえって過干渉になり、子どもは大人の言葉をスルーするようになってしまいますので、ちょっと声がけをして気づきを与えたら、おおらかに見守ってあげるといいと思います。

Q．自分で食べようとしてくれません

A．これは、子どもが親との関わりを求めてとる行動で、よくあることです。大人に向き合ってほしい、見てほしいという子どもの自然な欲求がそうさせます。「自分で食べなさい、食べなさい！」と頑張るよりも、ある程度気持ちよく向き合って笑顔で食べさせてあげるとその気持ちが満たされて、また自分で食べよう

としてくれるでしょう。

「いいよ、じゃあ食べさせてあげるね」と気持ちよく応じる
「おいしいねー」と笑顔で共感
「たくさん食べられたね」と、できたことを認めてあげる

例えば、このように子どもの気持ちを満たしてしまいます。このような積み重ねがなされていれば、「いまはまだお料理が終わってないから、食べさせてあげられないよ」という対応をしても、子どもが受け止めやすくなります。

Q.急に、食べないものが出てきたのですが

A.子どもが一歳をすぎたくらいから、それまでなんでも食べていたのに食べなくなるものが出てくることがあります。

これは、味覚の発達にともなって個々人の好みがだんだんと現われてくるからです。

急に食べなくなったからといって、心配することはありません。多くの子どもに普通にあることです。

無理に食べさせることもありませんが、かといって「食べないから」と決めつけて、最初からそれを避ける必要もありません。ちょっとでいいから味に慣れさせるくらいのつもりで長い目で見守ってあげます。

〝食べたくないこと〟も、ありのまま認めて受け入れればいいですし、少しでも口に入れたら、その〝できたこと〟を「うん、一口食べられたね」と認めてあげるといいでしょう。

Q. 好きなものなのに、食べないときがあります

A. 二歳前後くらいから、食べたり食べなかったりという姿が出てくることがあります。

このようなことも、多くの子に出てくるもので、「食べムラ」と呼ばれるものです。これは好き嫌いというよりも、一時的なものと考えてしばらく見守ってあげると自然と収まることが多いようです。

なので食べないことにイライラしたり、なにがなんでも食べさせなければと目をいからせて子どもに無理じいしたり、なんで食べてくれないのだろうと落ち込まずに、おおらかに見守ってあげてください。

Q. 好き嫌いが多くなってきたのですが……

A. 好き嫌いには、二種類あると僕は考えています。

ひとつは、自然な好き嫌い。

子どもは味覚が鋭敏なため、苦みやえぐみ、辛みなどを感じすぎてしまう食べ物があります。野菜のなかの苦味などを感じ取った子どもは苦手に思ってしまいます。こういうものは、自然に出てくる好き嫌いです。

それでも、大人がおいしそうに食べているのを見て、だんだんと口に運んでみようと思ったり、少しずつ食べるうちにだんだんと味に慣れて食べられるようになったりします。

このような自然な好き嫌いに関しては、それをはなから否定して怒ったり、無理やり食べさせる必要もなければ、かといって「どうせ食べないんだから」などと決めつけてしまうこともなく、長い目で見守ってあげればいいことだと思います。

もうひとつの好き嫌いは、大人がつくり出してしまったものです。

これは例えば、大人が常習的に子どもの〝いいなり〟になったり〝甘やかし〟をしてしまったりして、大人の「食べてもらいたい」といった気持ちがすんなりと伝わらなくなってしまっているケースです。

こういった場合は、食事の問題と考えるよりも、それ以前の大人と子どもとの関わり方に根っこがあります。

子どもとの関わり方に自信がなかったり、なにか大切なことを伝えるのがうまくいかないという方は、まずそこを見つめ直してみるといいでしょう。これについては、この後に出てくる相談のいくつかが参考になるかと思います。

Q. 食事を食べてくれなくて困っています

A. これはやはり食事の悩みで一番多いものです。ですが、その中身はさまざまです。

子どものもともとの個性による小食。生活習慣によって食べなくなっているもの。親との関係のあり方から食べなくなっているもの。

いろいろあるのですが、そのなかでもこの悩みの背景としてよくある、生活習慣によって食べなくなっているケースをみていきます。

「うちの子がごはんを食べずに困っているんです」という相談を受けたとき、場合によっては、その様子とともに聞くようにしていることがあります。

それは、「お菓子やジュース類を普段からたくさんあげていませんか？　ダダをこねられたり、食事の席に座らせるためにそういったもので釣ってはいませんか？」という質問です。

すごく疲れた顔、悩みの深い様子で相談にいらっしゃる方にこのケースは多いのですが、食事以外でもお菓子やジュース、ゼリー、ヨーグルト、果物などを普段から食べさせていたら、子どもは当然お腹も減らないし、わざわざ野菜など子どもにとって食べにくいものが入っている食事をとろうとはしなくなってしまいます。

ちょっと考えればわかりそうなことですが、あまりに子育てにいっぱいいっぱいになってしまって悩みの深い人、子育てが初めてだったり、とてもまじめな性格でひとつひとつきちんとやらなければと考えている人は余裕をなくして、そんな当たり前のことに気づかなくなってしまうことがあります。

こういったケースでは、実は問題は食事にあるわけではないのですね。

子どもがグズったりして言うことを聞いてくれないときに、自分ではうまく子どもを思い通りにできないので、お菓子や食べ物で釣ってなんとかしのいでいくことが習慣になってしまったために、結果として食事に響いてしまっているのです。

この場合、子どもの食事を改善しようとして、いくら食事のとき頑張って食べさせようとしても、はかばかしい成果が得られることはないでしょう。

それでは親は徒労感ばかりがつのり、その子の子育ては年齢を重ねるほどに大変になっていってしまいます。

このケースで解決すべきなのは、「食べさせること」ではありません。

その前に、その原因となっている生活習慣を変えること、そしてそのためには親が子どもへの適切な関わり方を理解する必要があります。

〝子どもが言うことを聞かないから〟〝静かにさせるために〟〝食卓に座らせるために〟など、ことあるごとに〝モノで釣ることで子どもを動かす〟といった状態を変えていかないと、将来的に食事だけでなくその他の多くの場面でも子どもとの関わりが難しくなってしまいます。

その解決方法はやはり、「受容」を基礎として「信頼関係」を親子間で少しずつでいいから積み重ねていくことです。

「受容」と「信頼関係」については本書の冒頭でも述べました。より詳しく知りたいという場合は、前作『保育士おとーちゃんの「叱らなくていい子育て」』において、具体的にどういった関わり方をしていくかということも含めてまとめてあります。

Q. 座って食べてくれません

A. 子どもと関わった経験の少ない人は、こういうときどうしたらよいかわからなくなってしまうようです。

座って食べてくれない……。でも食べてくれないと困るので、子どもが動き回る後ろからスプーンとお皿を持って追いかけて食べさせるといった話をしばしば聞きます。

もしこのように「食事の時間なのに子どもがしたいことをして、それを後ろから追いかけ回して食べさせること」をしていたら、子どもはいつまでたっても座って食べようとはしません。

なぜなら、親自身が食事の時間に遊び回っていていいと、実際の行動では認めてしまっているからです。

実のところ、この問題はもはや食事の悩みではありません。

食事以前のところで、親として子どもとどう向き合っているかが問題になってきます。

こういうときは大人のほうに毅然《きぜん》とした態度が必要です。

「いまは食事中です。食事は座って食べます」と自信を持って言いきっていいのです。

「食べてくれなかったらどうしよう……」と大人が弱気になって、ひよってしまっては、毅然とした態度にはなりません。「立ち歩き出してしまったら食事はおしまい！」くらいに、きっぱりと大人が意識してのぞむ必要があるかもしれません。

ただ、「毅然とした態度」は、大人がいくら厳《いか》めしい顔、怖い顔をしてやったとしても、それだけでは大して効果がありません。これには「メリハリ」が必要なのです。

「遊んだりくつろいでいるときは笑顔で楽しく一緒に過ごしてくれる。でも、食事のときは毅然と対応されるんだな」と子どもが実感できて初めて、大人の「毅然とした態度」が生きてきます。

ですから、「座って食べない」というこの悩みは、「大人が大切、必要と思っていることを、子どもに伝えて実行させることができない」という、大人と子どもの信頼関係の問題なのです。

そのため、二歳くらいの時点ではこの問題は食事のときにしか表れていないかもしれませんが、そのままでは年齢があがるにつれて、その他のことでもたくさんの困ったことが起こりかねません。

もし、この二歳のときの対応をごまかしや子どものいいなりで乗りきってしまえば、あとあと子育てはいろんな場面で大変になってしまいます。なぜなら、大人のほうは子どもに毅然とした態度をとるスキルを身につけず、子どもは大人が大切だと思うことをきちんと受け止める習慣を持たないまま育っていってしまうからです。

これを根っこから改善するために大人がまず最初に取り組むべきことは、ごはんを食べさせようと食事のときにあれこれ頑張ることではありません。まずは、大人の気持ちが伝わりやすい、大人と子どもの信頼関係を築くことです。

その関係性は、大人が怒ったり叱ったりと強い姿勢をとるようにしたところで深まりはしません。むしろ逆にその関係を悪くしかねません。怒ったり叱ったりしたときに、親の考えを正しく伝えるためにも、信頼関係が必要だからです。

かつての子育ての考え方では、子どもが大人に従わなければ「叱りなさい」「怒りなさい」、ときには「子どもを叩くことも必要」と言っていました。

それで済んでいたのは、子どもに関わる人が多かったりして、ことさら親が意識せずとも、大人と子どもの信頼関係が自然とできていたからでしょう。

現代の子育てでは、この関係性をつくるプロセスをおざなりにしたまま、子どもに〝言うことを聞かせる〟といった昔ながらのやり方をしてしまうと、たちどころに行き詰まってしまいかねません。

そしてその「信頼関係」を築くために大切なことが、「受容」です。「受容」は前作で大きく取り上げた、取り上げたメインテーマでした。

ここで取り上げた「食事を座って食べようとしない」「ふざけてしまって食事を食べてくれない」「食事の際に、言うことを聞いてくれない」といった悩みを解決するためにも、まずすべきことは「受容」なのです。

そこで、食事のときのことはいったん置いておきます。そして、親子で楽しい時間を共有できることをやってみます。簡単にできるところでは、子どもにくすぐりをしてみたり、戸外に行って追いかけっこをして遊んだりでもよいでしょう。

そうやって楽しい時間を共有することで、子どもはその人に〝寄り添いたい〟〝期待に応えたい〟という気持ちが強くなっていきます。同時に、大人の言葉と感情が伝わるための〝心のパイプ〟が太くなっていきます。

そのためにも、この〝楽しい時間の共有〟をしっかりとやってみましょう。また、甘えてきたときも、それが無理なくできるときならば気持ちよく応えてあげましょう。

でも、どうせならば、子どもが甘えてくるのを待つのではなく、大人のほうから進んであたたかい関わりをしてあげましょう。そのほうがずっと子どもは穏やかに過ごせるようになります。大人のほうから自分を受け止めにきてくれると感じると、子どもはとても安心し、満足するからです。

このようなことをしばらく心がけてみます。おそらくその時点で、子どもの姿になんらかの変化が出てくるのではないかと思います。もしかすると、子どもが大人の言葉を無視するようなことは減っているかもしれません。それですんなり食事のときも座って食べられているのならば、そこで子どものその姿を「認めて」あげましょう。「褒《ほ》める」のではなく、むしろ「認める」のです。

「認める」とは、例えば、「〇〇ちゃんが座って食べてくれて、私はとてもうれしいわ」「そういうあなたは素敵だと思うよ」という声がけなどです。

「褒める」ことは、「〇〇することが〝できた〟」ときの、行為に対する評価なのです。それを子育てのなかで繰り返していけば、「できる子はいい子」「できない子は悪い子」になってしまいます。

幼少期の子育ては、子どもに点数をつけることではありません。「できるのはいいことで、できないのは悪いこと。だからできるようにしなければ」と大人が子育てをそう考えて子どもに向き合っていくと、子どもは窮屈さを感じながら育っていくことになりかねません。まじめな人、頑張ってしまう人ほどそうなりがちなので要注意です。

ですから、できることを褒めていくよりも、「そういうあなたが大好きよ」とあたたかい気持ちを伝えていくことが大切だと思います。もちろん、褒めることが必ずしも悪いわけではないのですが。

もし、楽しい時間を共有する積み重ねをしても、座って食べないというときは、これまで子どもと向き合って関わってきたことにしっかりと自信を持って、視線に気持ちを込めて「座って食べないと困ります！」と毅然と伝えましょう。「ああしなさい、こうしなさい」とくどくどしい小言《こごと》のたたみかけは単なる過干渉になって、大人の言葉をスルーするクセをつけるだけです。きっぱりとした姿勢で伝えましょう。

それでもし、子どもが強く言われたことにびっくりして泣いたり、すねたり、かんしゃくを起こしたりしても、オロオロする必要はありません。子どものために必要だと思うことを伝えたのですから、最後まで自信を持っていきましょう。子育てには、その堂々とした大人の姿勢がどうしても必要なのです。

Q. 食事中、食べ物を投げてしまいます

A. この行動はある意味では、時期的なものといえます。

でも、〝そういう時期だからしょうがない〟とあきらめてしまうことでもありません。

子どもには、〝獲得した能力を使ってみたくなる、使うのが楽しくなる〟ということがあります。一歳を過ぎて二歳くらいにかけて、それまで〝モノをつかめ

る〟だったのが、〝つまめる〟〝投げられる〟といった新しい能力を獲得していきます。すると、それをすることが楽しくなるので、食事の最中に投げたり、お皿をひっくり返したりをするようになります。

こういった〝投げたい〟欲求は、なにか投げて遊べる遊具を用意したりして、まず遊びのなかで適切に満たしてあげてしまうといいと思います。

その上で、食事の際にはメリハリをつけて毅然と投げてはいけないことを伝えていくといいでしょう。その具体的な対応の仕方は、前項の相談への答えと基本的に同じです。

Q. 小食すぎて心配しています

A. 食事は個性が強く出るものです。

好き嫌いや食べムラでなくとも、少しの量しか食べられない子がいます。

その子の個性としての小食であれば、ある程度、あるがままに受け入れてしまっていいのではないかと僕は考えています。

ケースバイケースではありますが、小食の子に、「食べなさい！」というアプローチを頑張って重ねたところで、そうそううまくいくとは限りません。

むしろ、その過程で食事や、食べることそのものを〝嫌なもの〟〝苦手なもの〟ととらえかねません。幼少期に身についた感覚は、それこそ大人になるまで続くこともあります。それでは長い目で見たとき、その子にとってプラスにはなりません。

まずは個性としてその子のありのままを受け入れ、〝できないところ〟を否定するのではなく、〝できた〟ところを認めていくことで、その子にプラスのモチベーションを与えていってあげることが必要ではないかと思います。

「やらされること」から「楽しいこと」へ

食事は食べることだけではありません。

子どもは、成長の中で「食事」の経験を通して、とてもたくさんのことを学んでいきます。

食事は、子どもが一番最初に直面する「しなければならないこと」です。赤ちゃんのときは、なんでも自由気ままにしていられますが、食事をするようになると少しずつではありますが、そこではある程度のきまりやマナーなどを要求されるようになります。

こうしたものを生活習慣として経験することで、子どもは自立に向かう基礎をつちかっていきます。ですから、食事のときの親の姿勢や、日々の習慣はとても大切なものです。

でも、そう難しく考えて構えることでもありません。

食べることはもともと、子どもにとって楽しいこと、喜びとともにあるものだからです。育ちのなかで大切なことがたくさん詰まってはいるのですが、それらは本来無理なく伝えていくことができるのです。

大人は子どもに、「たくさん食べてほしい」「好き嫌いなく食べてほしい」「マナーを身につけてほしい」といった気持ちを持っています。そう思っていると、ついついそれを教え込まなければと頑張ってしまいます。

そして、その「食べさせなければ」「マナーを守らせなければ」といった大人の意識は「○○しないとイライラしてしまう」「○○させるために怒ってばかり」になりかねません。

そうなると、子どもにとって食事は嫌なものとなってしまいます。これでは身につくものも身につきません。

食事だけでなく、子どもが成長するためにはモチベーションが欠かせません。そのためには嫌なもの、苦手なものにせず、〝いいもの〟にしておいてあげることがもっとも大切です。

「食事は楽しいもの」という雰囲気《ふんいき》を大切にして、子どもにはその上で少しずつ必要なことを無理なく伝えていくといいでしょう。

その3 排泄の自立の悩み

〝おむつはずし〟はどうすればいいの？

子どものおむつを取ることにはさまざまな悩みがつきものです。

でも、本当は悩まなくていいことが少なくありません。

このおむつにまつわることをお話しする前に、知っておいてほしいことがあります。それはいま〝子育ての常識〟だと思われていることが、実は必ずしも子ども本人のためになっていないのかもしれないということです。

かつて高度経済成長期に「専業主婦」というライフスタイルが一般化した時代、女性の役割は家事や子育てを立派にまっとうすることになっていきました。

「専業主婦」の時代は、同時に「核家族化」の時代でもあります。

それまでは祖父母や身近な親族や地域のつながりのなかで、多くの人によってゆるやかに支えられていた子育てが、ほぼ母親ひとりの肩にかかるようになりました。（この家族のあり方の変化によって、夫の役割も外で働いてくることが強調されるようになりました。その結果、逆に父親は家庭や子育てをかえりみなくてもいい、といった価値観へと発展していきます。つまり「専業主婦の時代」の価値観は、同時に「仕事人間」の価値観も生んだのです）

母親が「専業主婦」になり、子育ての唯一の実行者であり責任者になった結果、子育てがうまくいっている、いっていないで、母親を評価するといった風潮が世の中に生じていきます。

その結果、周囲の人から見られても、恥ずかしくない子に我が子を育てなければならないというプレッシャーが母親にかかります。そのため、子育てや子どもに対してたくさんの「こうあるべし」といった〝ものさし〟ができていきます。その時代の母親たちは、子どもをなんとかその〝ものさし〟にあてはめるように育てなければなりませんでした。

目の前の我が子そのものを見て子育てするというよりも、我が子が世間からどう見られているかを気にしながら、〝ものさし〟からはみ出さない子に育てることが子育ての主流になっていきました。

その価値観のなかでは、子どもの姿にダメ出しされることは、同時に母親である自分がダメ出しされることなのです。ですから、母親はいろんな手段を使って世間一般が要求する〝理想の子ども像〟に子どもをあてはめなければなりませんでした。

おそらくいま〝しつけ〟と呼ばれているものの多くが、ここから来ているのではないでしょうか。

そしてその最たるものが、この〝おむつはずし〟です。

「まだあなたのお子さんはおむつしているの？」

「△歳になったんだから早くはずしなさい」

「あなたが甘やかしているから、おむつ取れないのよ」

こういった言葉が、かつては当たり前のように母親に対して非難のニュアンスをともなって発されていました。「早くにおむつがはずれれば母親に加点。なかなかはずれなければ母親に減点」の評価を受けていたのです。そのため、母親たちはおむつをはずすために必死の努力を重ねました。

その子個人の個性や発達段階など関係なしに、「△歳になったらはずさなければ」と考えてしまうので、それがすんなりいく子ならばいいですが、そうでない子には無意味な努力や、辛い思いをさせていました。

少し前までは「おしっこの間隔が一時間あくようになったら、そろそろおむつをはずしてみましょう」といった言葉を聞きました。

でも、本当にそれでいいのでしょうか？

よーく考えてみてください。おしっこが一時間しかもたないので、一時間ごとにトイレに行く人が大人だったらどうでしょう。おそらくそれは頻尿と呼ばれます。小学生だって、学校の授業が一時間終わるたびにトイレに行く子は少ないでしょう。

一時間しかもたない子の世話をする人は、四十五分か五十分おきに排尿を気にかけなければなりません。その子どもはしょっちゅう「トイレは？」「おしっこ出るの？」と過干渉をされることになってしまいます。

落ち着いて考えれば、「おしっこが一時間あくようになったら、おむつをはずす」のは、変なのです。でも、「おむつを早くにはずさなければならない」という価値観が先にあるために、それに対して冷静に「おかしい」という意見は出てきませんでした。

このような、これまでの〝子育ての常識〟が、おむつはずしやその他の多くの場面で、かえって子育てを難しくする原因となってしまっていました。

例えば、「断乳」や「抱き癖がつく」なんかもそうです。

それまで、母と子の大切なコミュニケーションや心の交流の手段であった授乳の時間を、「一歳になったから」といった大人の理屈で一方的に、辛子《からし》を塗《ぬ》ったり、トラウマになるような絵を乳房に描いたりして、まるでだまし討ちのようにある日突然子どもから取りあげ、それをさせまいとしていました。こういったことも、母親への世間のプレッシャーによって生まれた子育て法なのです。

このように、子ども本来の成長、発達とはまったく別のところで〝おむつはずし〟が考えられてきてしまった経緯があります。

そしていまだに、必ずしも子どものためではないことが、〝当たり前〟の子育てとして語られています。それゆえに子育てが難しくなったり、子どもの心の発達をゆがめてしまうことが少なからず起こっています。排泄の自立は、そのあたりも踏まえて考えていく必要があると僕は思っています。

多くの方が、おむつをはずすことを「トイレトレーニング」をすることだととらえているかと思います。

「△歳になったから、そろそろおむつをはずしましょう」といったことも、「そのくらいの年齢になれば、あとはトイレトレーニングをすればはずれるのだ」という考え方が根底にあるからでしょう。

しかし、はっきり言ってそれは間違っています。

まず、子どもには個性があります。そして排泄の自立は、ひとりひとりの個性に大きく左右されるものです。「一歳になったから」とか「二歳になれば」という、初めから誰しもが同じであるかのように、紋切り型で要求すること自体がそもそもおかしいことなのです。「△歳になったから」と一律に考えられることではありません。その個性を考えずに「トイレトレーニング」を押しつけることは、子どもに無理難題をふっかけることになります。

ここで、ある事例を紹介します。二歳半の女の子です。

その子のお母さんは、「トイレトレーニング」は一歳を過ぎた頃からしているのに、まだ排泄が自立しないことにとても焦《あせ》っていました。

焦りゆえに、神経質に「トイレに行きなさい」「おしっこ大丈夫なの？」としきりに声をかける過干渉になってしまいます。それが一年以上も続いているものですから、その子はおしっこのことを言われることが嫌になり、そういった声がけをすべてスルーするようになりました。

さらに、おしっこを漏らして服が濡れていても、まったくそれを気にかけません。その子にとって、まだどうしたって不可能な時期から過干渉をされてしまったこと、「排泄の失敗」をたくさん経験させられて自信が持てなくなっていることなどから、そういう状態になってしまいました。

母親は園に、「十五分ごとにトイレに行くよう声がけしてください」「パンツの上におむつをはかせてください」といった申し入れをしてくるようになりました。

この事例は「とにかく早くにおむつをはずさせたい」という親の焦りが、排泄の自立につながらないこと、むしろ弊害になることを示すケースです。

必要な力が備わっていない段階からの「トイレトレーニング」が、むしろこの子の排泄の自立を遅らせてしまっています。

十五分でトイレに誘うことや、パンツの上におむつをはかせることなど、冷静になって考えればおかしいとわかるはずですが、あまりに強い「おむつをはずさせたい」という焦りがそれをさまたげているのです。

排泄の自立をするためには、〝トイレの訓練〟をすればいいのではありません。これはいまでも続いているとても大きな誤解です。

排泄の自立には、「身体の成長」と「心の成長」、「知覚の成長」が必要なのです。

「身体の成長」は、膀胱《ぼうこう》の大きさや排泄をつかさどる身体機能などの成長です。この機能は確かに一歳を過ぎた頃には、だいたいできてくるそうです。かつての「一歳を過ぎたらそろそろ……」という考え方は、これを根拠にしていたようです。しかし、それはあくまで目安であり、もちろん個人差はあります。

「心の成長」は、自立心や感情のコントロールなどの心の発達です。その他に親からの「受容」がある程度なされていて、心が安定していたり満たされていたりすることも排泄の自立を確立するためには大切だと考えられます。

そして「知覚の成長」ですが、これは「身体の成長」とは別に、膀胱の圧迫や排尿感を感知する部分の発達です。この成長と「心の成長」が、これまでの「〝トイレトレーニング〟で考えるおむつはずし」ではあまりかえりみられてこなかったところです。

排泄が自立するためには、おしっこが溜められるだけでなく、溜まったことがわからなくてはなりません。

「おしっこがたくさん溜まったぞ！　なんだか出そうな感じがするぞ！」という感覚がわからなければ、自分からトイレに行ってすることなどできるはずがありません。

従来の「トイレトレーニング」では、子どもが漏らさないようにと時間を見て呼びかけてトイレに行かせたり、生活のくぎりのことあるごとにトイレに連れて行ったりして、トイレに行くことの習慣化ばかりを考えていました。しかしこれは、「知覚の成長」の面から言うとむしろ逆効果です。

なぜなら、おしっこが膀胱にたっぷりと溜まることによってこそ、この知覚が発達してくるからです。ですので、早期にパンツに移行して失敗させまいと早めにトイレに行かせてしまうことは、この感覚の発達を遅らせてしまうので、かえって排泄の自立をさまたげていたと言えます。

この排泄の知覚が弱いまま年齢があがってしまうと、日中起きているときはなんとか知覚するので漏らすことはありませんが、睡眠中は知覚が弱くなるために年齢があがっても夜尿が長く続く、といったことになることもあります。

これらを踏まえて「排泄の自立」を考えると、大人の願望で焦ってパンツにしてしまうことは禁物です。むしろ、おむつのままで安心しておしっこを溜められる期間をきちんともうけてあげることが必要になります。

いたずらに早期にパンツにして、お漏らしという失敗の経験を必要以上にさせてしまうことは、子どもの自信や自己肯定感などの心の成長面からも好ましくありません。十分に力を溜めさせて、これで大丈夫というところでおむつからパンツへの移行に踏み切って、あとは多少の失敗は気にしないで大人もイライラせずに見守っていけるといいと思います。

Q. 何歳からトイレトレーニングを始めればいいですか？

A. 前述のように、排泄の自立をするために大切なのは「訓練」ではありません。

確かに、すでにその子の各機能が排泄の自立に十分なまでに発達していれば、「パンツにしてトイレに行かせる」ことを繰り返していれば、そのうちできるかもしれません。でも、「訓練すればできるようになる」わけではないのです。ここを間違えないようにしましょう。

そして、「何歳から」と紋切り型で割り切って考えるのは、排泄の自立に関しては適当ではありません。

排泄の自立には個人差があり、一歳になったとたん、なにもしなくても排尿感を覚えてそのサインを出し、トイレでできる子もいれば、三歳になってもまだ全然そういった様子を見せない子もいます。

それくらい個人差があるものですから、「もう△歳だから」とか、「周りの子はできているのに……」と比較で考えるのではなく、その子の発達の具合や個性を見極めて考えていきましょう。（「見極め」については後述します）

Q.おむつは夏の間に取ったほうがいいのですか？

A.よく聞く話ですが、これも早期におむつをはずすためのトイレトレーニングが生み出したメソッドのひとつだろうと思います。早期にはずしても夏場だとももともと排尿回数が少なく、失敗回数を減らすことができるので、そう言われるようになったのでしょう。

大切なのは個々の子どもの発達具合であって、その他の理由はさほど重要ではありません。発達がおむつがはずれるところまで来ているのならば、真冬だってはずせるでしょうし、季節は関係ありません。夏だからとあまり焦らず、しっかりと発達具合を見極めていくといいと思います。

Q．出ないのになにかにつけてトイレへ行きたがり、トイレが遊びになってしまって困っています

A．「トイレトレーニング」に基づく従来の排泄の自立法では、個々の子どもの発達具合をあまり考えず、とにかくトイレへ意識を向けさせることばかりしていました。

例えば、パンツをあらかじめ用意して「これになったらお兄さん（お姉さん）だね」。かわいらしいおまるを見せつけては、そこでするように仕向けたり。トイレへ意識を向けさせて「あわよくばトイレですることに関心を持ちはしないか」と大人に思わせてしまうのも、この方法の悪い面といえます。

「身体の成長」「心の成長」「知覚の成長」が必要なことは先ほど述べました。そういった発達の条件がそろっていなければ、子どもにいくらパンツやトイレへの関心を向けさせたところで、実のところ少しも排泄の自立の足しにはならないのです。

むしろ、かわいい絵やキャラクターのついたパンツを見せて、それを履きたが

るように仕向けたところで、発達の段階に達していなければかえって失敗の経験が増えるばかりです。さほど力が備わってなく、失敗の経験がいたずらに増えると、最初はアイテムで引き上げられていたモチベーションも簡単にしぼんでしまいます。

もしくは、モチベーションは下がらなくても、うまくできないことにイライラをつのらせてしまうタイプの子どももいます。その結果として、いざ力が備わった頃には排泄の自立への意欲はさほどなくなってしまっているといったことが、しばしば見受けられます。

僕は、このように、子どものパンツやトイレへのモチベーションだけを上げてしまうことは、デメリットが多いと思います。

これは〝トイレへの関心〟という面でも同様です。大人のほうに「あー、トイレに関心を持ってくれないかな……」「お、トイレに行ってくれた、しめしめ」といった気持ちがあると、子どもは排泄の自立とは関係なしに、その大人の気持ちに添ってトイレへの関心を強めます。

また、トイレへ行くことで大人が自分を見てくれる、向き合ってくれることの心地よさや、普段過ごす部屋と違って目新しいものがあることなどから、遊びの一種としてトイレへ行きたがるようになることがあります。

このような形でトイレへ行くようになると、いざ排泄の自立というときにかえって余計な苦労が増えかねません。僕はその段階になるまで、トイレやパンツなどへの関心、モチベーションはむしろ上げないほうがすんなりいくことが多いと感じています。

排泄がきちんと自立する段階にきている子は、トイレがなにをするところなのかを理解していますから、そこで遊ぼうとすることはそうそうありません。トイレが遊び場になってしまう子は、おそらくまだ自立の段階ではないのです。

ですから、わけもなくトイレに行きたがる子には、「ここは排泄するところで、遊ぶところではありません」ときっぱり大人が示してしまったほうがよいと思います。そして、その後も自立の段階でもないのに、いたずらにトイレへ目を向けさせることのないようにしたほうがよいでしょう。

Q. パンツにしたのに失敗（涙）。おむつに戻したほうがいいですか？

A. きちんと見極めをした上でパンツに移行して、本人もトイレでしようとする意思があるのに失敗してしまうといった程度であれば、失敗はしていてもしばらくするうちにだんだんと自立していくこともあるでしょう。

できれば、一度パンツにしたものをおむつに戻すのはあまりしないほうがいいのです。排泄の自立は子どもの自尊心とも大きくつながっていて、戻すことはそれを傷つけてしまうことがあるからです。

かといって、お漏らしという排泄の失敗をあまりたくさんさせすぎても、自尊心を傷つけてしまうので、一概にどちらがいいともいいきれません。個々の様子をみて大人が判断していけばいいでしょう。

もし、焦りや親の願望から見極めが不十分のまま移行に踏みきってしまったり、思ったよりも自立がはかばかしくないのであれば、思いきっておむつに戻すことを考えてもいいでしょう。

「知覚の成長」のためには、〝安心して溜められる〟ことが必要なので、パンツでおっかなびっくり過ごすよりも、いっそのことおむつに戻して安心して、それこそ「おしっこのことなど気にせずに」過ごせることが大事だからです。

子どもの成長の仕方はさまざまですから「こうしなければ」「本にこう書いてあったから」ととらわれずに、目の前のお子さんの様子をみて考えてみましょう。そして、どちらにしても大人が判断したのならば、「これでいいのかしら……」などと迷わずに自信を持って笑顔でのぞむようにしましょう。

また、例えば弟妹が生まれたときなど、この失敗が増えることがよくありますし、なにごともなくとも、ちょっとした子どもの気持ちのあり方で簡単に起きることです。

または、たまたまタイミングがうまくいっていて、大人の目からは自立したと見えていたけれども、実はそもそも自立の段階にきていたわけではないというケースも少なくありません。

どちらにしても、「できなければならない」とか「後戻りするのはよくない」などと難しく考える必要はありません。それがその子のペースなのですから、そう思って見守ってあげればよいのです。

Q. おしっこは自立したのに、うんちはおむつですることにこだわります

A. これと似たことはよくあります。

成長とともに自然にうんちもトイレですることができるようになっていきますので、心配せずにあたたかく見守ってあげましょう。

また、比較的多くの子が、おしっこのほうから自立していきますが、うんちのほうが先に知覚が発達して自立する子もいます。これも個性の差ですので気にしなくて大丈夫です。

Q. どれくらいおしっこの間隔があくようになったら、おむつをはずせばいいですか？（「パンツへの移行の見極め」）

A.この質問もしばしば受けるのですが、僕は最初この質問をされたとき「アレ?」と自問してしまいました。なぜなら、おしっこの時間の間隔で排泄の自立の見極めを考えたことがなかったからです。

多くの方が、このおしっこの間隔を重視してパンツへの移行を考えているようです。しかし、それは見極めの一要素でしかないと僕は感じます。なぜなら、間隔がいくらあいたとしても、膀胱に溜まったことや排尿の知覚が育っていなければ、自立にはいたらないからです。

では、〝なにをもっておむつからパンツへの移行の見極めをすればいいか〟なのですが、これにはとても個人差があるので、「これこれこうですよ」とは一概には言えません。個々の子どものパンツへの移行を見極めるときは、その子の全般的な発達具合を総合的にみて考えるのですが、いくつもの要素を合わせて判断しているので、言葉で表しきれるものでもありません。

ここでは比較的わかりやすいところを述べておきます。個人差はありますし、例外も多いですから、必ずしも「これができたら、パンツへの移行ができますよ」というものではありません。目安の参考程度と考えてください。

●自立心

心の成長である〝自立心〟が芽生えているかどうかです。なんでも自分でやろうとするといった強い自立心までは必要ありませんが、ことあるごとに親の陰に隠れたり、必要以上に大人からの手助けを要求したり、グズったりゴネたりが多いといった「依存」の強い状態にある子は、心の発達段階がおむつが取れるところまでいっていないことが多いようです。

また、大人の普段からの関わりが過保護、過干渉だったりすれば、子どもの自立心が伸びていないことがありますから、過保護、過干渉には気をつけましょう。

●コミュニケーション

必ずしも言葉が上手に話せるようになっていなくてもいいのですが、大人とのコミュニケーションを積極的に楽しめる子だと、排泄の移行の準備が進んでいることが多いようです。逆に、大人にあまり関心を示さなかったり、言葉をかけてもスルーしてしまうことが多い子は、パンツに移行したところであまりうまくいきません。その段階ならば、成長が進むのを待ったほうがいいでしょう。

また、大人からの言葉や働きかけなどをあまり理解していなかったり、理解しようとする素振りのない子も、焦らずもう少し成長を待ったほうがいいと思います。

●情緒の安定

イライラしていたりかんしゃくが多かったり、爪噛みや指しゃぶり、他児への噛みつきなどといった、情緒の不安定さが強く出ている子は、まずそこを安定させるようにしたほうがいいでしょう。

そうした行動があるにもかかわらず、おむつはずしを始めてしまうと、もともとの不安定さがさらに激しくなりますし、その段階ですんなりと排泄が自立することもそうそうありません。さらに、おむつはずしにまつわるイライラや、大変さを子どもも大人も感じることになります。それでは親が進んで子育てを難しくしているようなものです。

子どもはちょっとしたことでも、情緒が不安定になることがよくあります。例えば、両親ともたまたま多忙であったり、弟妹が生まれたときなどです。環境や生活リズムが変わっただけで安定を欠くこともありますし、親が疲れていたり悩みがあったりするだけでも、そういった気持ちが伝わって子どもも不安定になったりします。

情緒の安定は、子どもの「受容」とも密接な関係があります。「受容」が不足していてネガティブな姿が出ている子も、いくら排泄を自立させようと大人が躍起になったところで、すんなりといくものではありません。むしろ、心の成長面で問題が出てくることもあるので、子育てそのものを難しくしてしまいかねません。そういうときは、受容をたっぷりとしてあげて、子どもが安心、安定してから排泄のことは考えたほうがいいでしょう。

パンツへの移行は、焦って早くに始めたからといってうまくいくというものではありません。無理のないときに始めればいいのです。

●「知覚」が育っていること

先ほどは「心の成長」に関することでしたが、次は「知覚の成長」の面からです。

子どもは成長してくると、排尿時におしっこが出ていることがわかるようになってきます。まだ本当に小さな子だと、おしっこが溜まっているときも、それが出ている瞬間も、まだ知覚が育っていないのでなにも反応がありません。いつの間にか出ているといった感じです。

子どもが成長するにつれて、その感覚を感じ始めるようになると、おしっこが出ている瞬間、「アレ?」という表情をしたり、動きが止まって、周りにいる大人からも「いまおしっこが出ているんだな」とわかったりもします。

これは知覚が育ってきたということです。また、この知覚がおしっこよりも先にうんちから育つ子もいます。

子どもによっては出ている瞬間、止まっていて、出ている感覚はあるようだけど、それでもまったく気に留めない子もいます。一概には言えませんが、気に留めない子よりは、気に留める子のほうが、排泄の自立はより近いと考えられるでしょう。

「おしっこの間隔が何時間あいたからおむつをはずそう」
「△歳になったからおむつをはずそう」

といった見極めの仕方は、この知覚の面を少しも考えていませんね。それでは、子どもが排尿の感覚がわからないままに、失敗する期間をいたずらに延ばすだけの結果になりかねません。

さらには、溜まる前にトイレへ行かせて「おしっこの絞《しぼ》り出し」をさせてしまうので、余計に知覚が成長しないことにもなってしまいます。これをすると、健全な排泄の自立が余計に遠のいてしまいます。なので、これまでの〝トイレへ行かせることを煽《あお》るトイレトレーニング〟に僕は賛同しません。

●サイン

子どもによっては、おしっこしているときになにか出ている感覚があって、さらにおしっこがおむつに出たときに大人に目配せして「なんかへんだよ」とか「なんか出たよ」とサインを送ってきたり、声を出したり、ポンポンとおむつを叩いて伝える子もいます。すべての子がそうするわけではありませんが、これができるようになっていると、その子の準備はかなり進んでいると考えられます。

しかし、まだ待ってください。出たことに気がついただけでは、まだ十分とは言えないですよね。この段階で移行に踏みきっておむつが取れてしまう子もいますが、ここまで来ていてもその後まったく進まない子もいます。

排泄が本当に自立するには、ある程度、出る前に自分で「うん、そろそろ出そうかな？」という感覚がわからなくてはなりません。それをみんながサインではっきり出すわけでもないのですが、子ども自身がだいたいでもおしっこの感覚がわかるようになってきたら、それと心や身体の発達とを合わせて、「この子はもう十分力がついたかな？」と総合的に判断してパンツへの移行を考えるといいでしょう。繰り返すようですが、親の願望から焦って、「早く早く」とはずそうとすることは禁物です。

子どもがサインを出したときに大切なことがあります。それは、この排泄をきっかけとした、〝大人との交流〟です。

例えば、子どもがおしっこが出たことを感じておむつを触ったりしたとき、大人はそこで優しくあたたかく、「おしっこ出たの～?」と聞いてあげます。そこで「出た」といったリアクションを子どもがとったのならば、「教えてくれてありがとうね～」とまたあたたかく返してあげます。

そして、受容的な態度でおむつを替えてあげて、「はい、きれいになったよ。気持ちいいね～」と皮膚感覚の気持ちよさと、大人と交流することの心地よさを同時に伝えることで、子どもは排泄における大人との関わりを〝いいもの〟と自然に思うようになっていきます。

それがひいては、排泄そのものへの意欲ともなりますし、さらには人への信頼感や、その他の成長へのモチベーションともなります。

排泄の失敗により引き起こされる、大人の落胆、いらだち、人によっては怒ったり、叱ったりということは、その逆のことになりかねません。ですから、力が不十分な段階でパンツへの移行を焦ったりするのは、好ましくないのです。

そういうわけで、この「おしっこが出ている」「出そう」「溜まっている」といった、子ども自身の知覚が大切なのですが、逆に「時間は一時間くらいしかもたないのに、知覚は毎回きちんとある」といった子もいます。

では、この子はパンツへ移行してしまえば取れてしまうか、といえばもしかしたら取れてしまうかもしれません。しかし、それはあまりおすすめしません。なぜならこの子は「知覚の成長」は進んでいても、「身体の成長」がまだ十分ではないからです。

もし、おむつが取れたとしても、一時間のような短い時間ごとにトイレへ行くことを子どもは望みません。すると、遊びに夢中になっていたり、戸外などでは失敗する経験が増えてしまいかねません。大人はそれを気にするあまり過干渉に子どもをせっつくことになってしまいます。

子どもによってはそのせっつかれること嫌さに、排泄に無関心になってしまうかもしれませんし、逆に神経質に気にしすぎてストレスを溜めるほうへいってしまうかもしれません。そのために、その子が頻尿になってしまうケースも見られます。

「排泄の自立」は「心の自立」

「排泄の自立」とは「おむつがはずれること」だけではありません。子どもは排泄が自立することで、ひとりの人間としての自信をつけ、自尊感情を持ち、そこからさらに大きく成長していきます。

ですから、「おむつがただはずれればいい」「おむつが早くはずれればいい」のではなく、それを無理なく自分の自信となるよう適切に「排泄の自立」をさせてあげる必要があります。その過程で、やたらと失敗の経験を多くして自尊心を傷つけたり、恥の感覚を大きくさせすぎれば、子どもはその後の成長までつまずきかねません。「排泄の自立」は、同時に「心の自立」の基礎にもなっています。

これまでの子育てでは、そういった点はあまりかえりみられることなく、「ただおむつをはずす」ことが目的になっていました。しかも、それは母親に強迫観念的につきつけられていた背景があります。それでは子どもの成長のプラスにはなりません。本当は、その人の「親としての価値」と、「子どもの排泄が自立しているかどうか」は、少し冷静になって考えればまったくの別物であることは誰しもわかるはずです。どうか焦らずおおらかになって、それぞれの子どものペースに合わせて、排泄の自立を見守ってほしいと思います。

極端なことをいえば、なんにもしなかったとしても、子どもはみんないずれおむつは取れるのです。僕は「おむつをはずすこと」を頑張る必要はまったくないと思っています。

受容を基礎において、毎日を安定して健《すこ》やかに過ごし、大人が過保護や過干渉をして心の成長をさまたげてしまわないようにすれば、排泄の自立は、なんの無理もなく、あとから勝手についてくるものだと僕は考えています。

その4　友達関係の悩み

遊ぶときの基本姿勢

友達関係の悩みは、たくさん寄せられる悩みのひとつです。

まず多いのは、二〜三歳くらいの、いろいろなことができるようになり、またやってみる時期。しかも自我が発達してきて、それ以前のようには大人からの言葉がけをすんなりと受け入れてくれなくなってくる頃です。

例えばこの時期には、他の子のモノを取ってしまったり、砂場で砂を投げるのが面白くなってしまったり、親から見ると止めなければならないような行動がたくさん出てきます。

そして大人は、その行動をなんとか止めようとするのだけど、何度繰り返してもやめなかったり、かんしゃくを起こす我が子に直面して途方に暮れてしまうことがあります。

特に初めての子の育児だと、こういったときの対応がとても難しく感じることでしょう。

このケースで多いのは、親が子どもへのアプローチを頑張っても、少しも好転していかないことです。むしろ、それによって制止や注意をしたら子どもが反発するようになってしまったり、いつの間にか、最初から親の言葉に耳を貸さなくなったりして、さらに子どもの行動に困り、子どもへの関わり方に難しさを感じてしまうことになります。

二〜三歳の子どもの友達との関わりでの悩みの背景には、実は「友達関係」そのものよりも、大人から見たときの困った行動を〝出さないように〟〝やめさせるように〟するアプローチによる「過干渉」があることがとても多いようです。

その困った行動を出さないようにと先回りして行動を誘導しようとしたり、トラブルになりそうな子どもの行為にダメ出しをしたりしていくと、芽生えたばかりでとても活発な子どもの意思や自我、興味、好奇心を通せんぼしてしまいます。子どもからすれば、当然その通せんぼする親の関わりに対抗しなければなりません。

ある子はそのイライラを親にぶつけるでしょうし、ある子は最初から親の関わりをスルーすることを身につけます。またある子は大人からの通せんぼで与えられたストレスをモノを投げたりする行動や、他の子に当たる行動をすることで解消しようともするでしょう。

このように、「友達関係の悩み」が深刻化すると、他の子との関わりというよりも、大人のほうの過干渉が大きな問題となるのです。大人がそれに気づかないと、ずっと解決しないまま悩みは深くなるばかりです。

ここでは、友達と遊ぶときの子どもへの関わり方の基本姿勢と、参考になるような具体的な方法をお伝えしていこうと思います。

Q. お友達が周りにいても、砂場で砂を投げてしまうので困っています

A. 子どもの行動で大人が困ってしまうことはたくさんあるのですが、小さい子どもは悪意があってそのことをしているわけではありませんね。

子どもにとって、砂遊びはとても魅力的なものです。

小さい子だと、投げはしないけれどもつかんだ砂を上からさらさら落として楽しんだりします。投げる能力が発達してくると、砂を投げることが楽しくなってきます。

これは子どもがみんな通る道です。悪いことではないのです。むしろ成長のために必要なことと言っていいでしょう。ですから、それを「するな」「やめろ」と否定しても仕方がないのですね。

ではどうすればいいかというと、例えば、立ち上がって握った手から砂をサラサラ落として遊んでいるときに、それが後ろにいるお友達にかかってしまってい

るのなら、「後ろにいるお友達に砂がかかっていますよ」とそのままを伝えてみます。それでしばらく見守ってみると、自分から場所を移動しようとする子もいます。それなら、「ちゃんとわかってえらいね」という気持ちで微笑《ほほえ》んであげるといいでしょう。

もちろん、まだ言葉の意味がすぐ伝わらない子もいますし、その遊びに夢中になりすぎていて、言われていることがわかっていない子もいます。

そういうときは、「どうすればいいか」を示してあげればいいのです。「こっちでどうぞ」と場所を指さして示したり、「座ってやってね」と伝えたり。子どもに悪意があるわけではないのですから、そのように「どうすればいいか」を、穏やかにきちんとわかるように伝えれば、小さな子であってもそこをちゃんと考えてくれます。

Q. 周りの子たちは一緒に遊んでいるのに、うちの子は遊びに加わろうとしません

A. 「友達と遊べるようにしなければ」と我が子に望む人は多いのですが、積極

的に友達と関わりのある遊びを楽しめるようになるのは、三歳くらいからです。

この三歳という年齢にしても、「三歳だからできるようになる」とか「三歳だからできなければ」という線引きではなく、あくまでそこから徐々に経験しながら身につけていけばいいというスタートラインです。

たまたまその子の性格が、人懐《ひとなつ》っこかったり、兄姉などの身近な子どもとの関わりがあったりして、小さいうちからでも他の子と関われる子もいます。しかし、そういったものは個性であって、例えば二歳くらいの年齢では、他の子と遊ばないという子であってもなにも心配いりません。

またそのくらいの年齢だと、一見他の子と直接関わって遊んでいるように見えなかったとしても、その側にいたり、周りの子が遊んでいるのを眺めているだけでも、その子本人は一緒になって遊んでいる意識を持っている「平行遊び」という段階でもあります。

「他の子と遊ばないことがよくない」と決めつけずに、そういう時期、そういう個性だとおおらかにとらえて、ゆっくり見守ってあげることも大切です。

Q. あまり友達と遊ぼうとしないので心配しています

A. 先ほどと同じ悩みですが、こちらは幼児の場合です。
およそ三歳から友達関係がスタートしますと言いました。四～五歳であれば、年齢的には確かにそれはクリアしていますね。

でも、人には個性があります。友達と遊ぶことを好む子もいれば、そうでない子もいます。

親からすると、我が子が孤立しているように見えるのは大変心配ですよね。確かに、友達と遊べるようになることは大切なことだと思います。

しかし、それが苦手な個性の子に、「友達と遊びなさい」というアプローチをすることは、その子にとっては「いまのままのあなたじゃダメだ」と言われていることになります。つまり、その子の「否定」です。これは優しく言おうと強く言おうと同じです。

人は否定から出発してもそうそう伸びるものではありません。特にこういった内向的な気質を持っている子はそうでしょう。ですから、親の心配や焦る気持ちはいったん置いて、その個性を受け止めてあげることからスタートしてみましょう。

そして、「友達と遊べ」「人と関われ」と言うのではなく、人との関わりに抵抗感や恐れを感じなくなっていけるような「自信」を持たせてあげるといいと思います。

例えば、その子の好きな遊びや得意なものを認めてあげます。他にも、ちょっとした役割をしてもらい「ありがとう」と認めてあげる経験を積み重ねていくのもいいでしょう。

なにかすごいことでなくてもいいのです。

その子が絵を描くことが好きならば、それを認めてあげましょう。別に褒めなくたっていいのです。

「あなたは絵が好きなのね」、ただそのように大好きなお父さんお母さんから認

めてもらえるだけで、子どもにとっては自信になっていきます。役割といっても
お花に水をあげるといった簡単なことでよいのです。お手伝いもごはんの前にテ
ーブルを拭《ふ》いてもらうとかお箸《はし》を並べてもらうとか。そんな簡単なことでも「あ
りがとう」と笑顔で言ってもらえれば、少しずつでも必ず子どもの心のなかに自
信として積み重なっていきます。そういった積み重ねが、やがては他の子と遊ぶ
力となっていくことでしょう。

子どもを伸ばすのは「否定」からではなく、「肯定」からということがとても
大切だと思います。

Q. 他の子に噛みつきをするので悩んでいます

A. 小さいうちは言葉がうまく出ないために、「拒否」の手段として噛みつきに
なってしまう子もいますが、噛みつきの多くは、「感情のコントロール」と密接
な関係があります。

それは心の発達が未熟で、さまざまな心の動き、例えばイライラや不安感など

の感情がコントロールしきれない場合。また、受容不足で〝満たされない気持ち〟を抱えていて、その欲求不満が、その子の感情のコントロールの力を上回ってしまったときなどに出てしまいます。

その状態の子に、「噛むのはいけないことなんだ、噛んではいけません！」とどれほど怒ったり叱ったりしても、それでは逆効果にしかなりません。

イライラや不安感を慢性的に抱えている子にはその原因が増えるだけですし、満たされていない子は大人に叱られることで余計に満たされないほうへと向かってしまうからです。

「噛む子は悪い子」という見方はやめることが必要だと思います。噛む子は「噛む理由を持ってしまった子」なのです。

「なぜ噛みつきをするのか？」をまず考えてみます。

受容不足ならば、普段からその子への受容を心がけます。

その環境に不安が強くて噛みつきをするのならば、そういった環境的な不安を減らす配慮を先にしてみるといいでしょう。

噛みつきが出てしまう理由を改善しようとせずに、ただ噛みつくことを否定するばかりでは、この問題は解決しないのです。昔は、噛みつく子の口を叩いたり、その子の腕を大人が噛んで見せたりして「噛みついたらこんなに痛いのだ、だから噛みつくな」といったアプローチをしていました。しかし、こういったやり方は、他にもっと深刻な問題を生み出しかねないので、するべきではありません。

いざ、噛みつきが出たとき、噛まれた子のことを考えればそれをとっさに止めることは致し方ないのですが、本当はできるならば「止める」ことはあまりしないほうがよいのです。なぜなら、噛んだ子どもからすると「自分が否定された」ことになるので、疎外感や欲求不満をつのらせ、イライラによってさらなる「噛みつき」を引き起こすほうへ向かわせてしまうからです。

ではどうすればいいかなのですが、まずは先に述べたようにその根っこの原因を改善することを普段から心がけるべきです。これがまずは前提です。

さらには、他の子と過ごす場面では、噛みつきそのものが出ないような配慮をします。例えば、あまり他の子がバタバタと周りに来ないような場所にその子の好きな遊びをセッティングしてあげるなど、その子が遊びに気持ちが向けられるような環境や遊具を用意します。

他の子に噛みつきをするのは、他の子が不安要素のひとつになっているからです。楽しい遊びもなく、その環境にも安心感を持てないのであれば、噛みつきは出るべくして出てしまいます。

また、他の子がそばに来たときはその子との間に大人が座ってあげるなどして、できるだけその子の安心できる空間をつくってあげます。

そして「この子はまた噛みつくのではないか」といった厳しい目で見るのではなく、安心できるようにあたたかい気持ちで見守ってあげます。

子どもは、遊んでいる最中でもしばしば大人のほうを見ます。そのときに大人があたたかく見守ってくれていて、微笑み返してくれると、子どもは安心してその場で過ごしたり、自分の遊びにじっくりと取り組むことができます。逆に、大人が自分のことを見守ってくれていないと感じると不安になります。噛みつきが出ている子でしたら、この不安感が噛みつきのもとになってしまいます。ですから、噛みつきの出ている子には、その子どもからの視線をきちんと受け止めて、「私はあなたのことをいつも見守っているから安心していいのよ」という気持ちを込めて微笑み返してあげましょう。

こうして子どもに安心感をプレゼントしていくことで、だんだんと子どもは噛みつかなくても大丈夫な情緒の安定を得られるでしょう。

Q．お友達におもちゃを貸せません

A．これも気にする人が大変多い悩みです。

多くの人が、先入観で「子どもは友達にモノを貸せなければならない」と考えているためなのでしょう。

しかし、例えば二歳くらいの子に、その子のモノ、またはその子がいま使っているモノを、「他の子が欲しがったから貸さなければならない」というアプローチをするのは、それ自体が発達段階からみて適切ではないのです。

このことは実は誰のためにもなっていません。

横から人のモノを欲しがる子に対しては、「欲しいモノは横取りしていい」ということを教えてしまいます。

貸させられる子にとっては、「自分の意思は尊重されない」「その大人は自分を守ってくれない」ことを実地に経験させてしまいますし、「遊んでいる最中に自分のモノを取られる」ということは、じっくりと自分の遊びに集中する習慣を身につけさせないほうへと導いてしまいます。つまり、遊びが下手な子、落ち着いた遊びのできない子にしかねません。

二歳前後は、「自分のモノ」という心の成長を伸ばしている時期です。ですので、自分のモノへのこだわりが強くなります。これは少しも悪いことではありません。むしろ必要なことなのです。そのときに自分が尊重されなかった経験を重ねた子は、その後に他の子のモノを尊重することができなくなってしまいます。

そういうわけで、僕はこういったとき、こんな対応をします。

もし、その子が使っているにもかかわらず、横から取ってしまう子がいたとしたら、その取ってしまう子に「いま、○○ちゃんがそれを使っていますよ」と伝えてその子に考えさせてみます。それで返せたならば、「ちゃんとわかってえらいね」とか「ありがとう」などとその行為を認めてあげます。

もし、誰かが「貸してほしい」と来たならば、使っている子に「○○ちゃんが、貸してほしいんだって」と伝えてみます。あくまで子どもの意思、自分で考えて決めることが大切なので、このとき大人は「貸させよう」という意図で言う必要はありません。それで、その子が自分から貸したのならば、そのことを認めてあげます。例えば、「あなたは優しいね」といった具合に。

またもし、その子が「貸したくない」という意思を示しているならば、「そういうときは、〝いま使っているよ〟って言っていいんだよ」と断る方法を教えてあげます。そして、そのおもちゃを取られないように見守って、その子の集中している遊びを守ってあげます。必要であれば、借りにきた子に「いまは使っているから貸せないんだって、他のではどうかな？」などとサポートしてあげてもいいでしょう。

Q. お友達のおもちゃを取ってしまいます

A. 「取るな」「返しなさい」というアプローチをいくら重ねても、それは子どもに対する「否定」の積み重ねになるだけで、結局ただの過干渉に終わってしまって、子どものよい成長には結びつかないことが多いでしょう。

こんなときは、「取るな」「返しなさい」といった制止、指示の言葉ではなく、子どもに気づかせ、経験としていけるような言い方をするといいのです。

「見てごらん、それは○○ちゃんが使っていますよ」と、子どもに投げかけて様子を見てみます。

もし、それが子どもに伝わって、持って行こうとしたおもちゃを返したとしたら、「ちゃんとわかってくれてありがとう」と微笑んであげましょう。

この道筋を大人がつけてあげると、子どもはどう行動すればいいかを経験のなかで少しずつ学んでいくことができます。

また、モノを取ってしまっても、返すことで大人から認めてもらえたことが子どものなかでよいモチベーションとなるので、ふたたび同じようなことがあっても、対応がスムーズにとりやすくなります。

この点が、制止や指示で子どもに大人の意図する「正しい姿」を身につけさせようとしてしまうことと大きく異なります。制止や指示で「させてしまう」のは、その場だけのことですが、子どもに「気づき」ととるべき「道筋」を示して、それができたら褒めたり、認めたりのよいフィードバックを与えることは、子どもの経験として厚く蓄積されていくことでしょう。

もし、そのように対応して子どもがモノを返すことができなかったとしても、そこで落胆することはありません。この年齢の子にとって、それは普通のことだからです。イライラすることなく、否定的に見ることなく、長い目で繰り返し見守っていってあげましょう。

子ども同士を信じてみよう

友達関係に悩んで、親が過干渉になる背景には、ふたつの要因があると思われます。

ひとつは、公園や児童館などの行った先で関わる〝子どもの親に対する遠慮〟が大きく影響している点です。

「相手の親の手前」モノを取らせてはならないなど、いま子育てをしている人はとても気を使わなければならなくなっています。これが、多くの人の悩みを深めています。

人との関わりがなかなか難しくなっている時代ではありますが、子育てしている親同士は「お互いさま」くらいの気楽に関われる空気がもっとあると、子育てする親も、そして子もずいぶん楽になるのではないかなと感じます。

もうひとつは、大人の先入観として「子どもは○○できるべき」「○○させるべき」といった意識が強すぎて、その子の個性や発達段階を無視して、行動を要求しすぎている点です。例えば、「モノの貸し借りができるべき」「友達とトラブルなく遊べるべき」といったことです。

子どものことを信じてその成長を見守っていれば、だんだんと身についていくはずのことなのに、「○○させなければ」といった意識が子どもへの過干渉となっています。

結果的に、そういった焦りからくる、子どもをせっつくような関わり方は、かえって子どもの姿や成長を難しくしていくことになります。

ふたつのことは一見、子どもの友達関係の問題に見えますが、実は、大人のほうの姿勢の問題です。具体例で示したように、大人がちょっと関わり方を変えてみたり、焦らず気長に見守ってあげたりすることで、子育てを無理のないものにしていけるポイントはたくさんあると思います。

「悪いこと認定」はしなくていいのです。

小さい子どもは悪意をもってしていることなどほとんどありません。ですから、子どもの行動を「悪いこと」と決めつけて、怒ったり叱ったりの否定的なアプローチを積み重ねる必要はないのです。親から子へのアプローチがこればかりになってしまうと、乳幼児期の子育てがとても大変になってしまいます。

でも、「困ること」は伝えていいのです。

Q＆Aであげた砂遊びの例など、特にそうですね。

子どもは、砂をサラサラ落として楽しんでいるだけ。それが周りの子にかかってしまいそうだからといって、頭ごなしに「ダメッ」と言っているだけでは、これは理不尽な関わり方なわけです。それは悪意があってやっていることではないのですから、否定する必要はありません。

アプローチするべきところは、「人にかかってしまう」という点なのですから、「そこでやると人にかかるので困ります」と言えばいいわけです。これならば、「砂遊び」という行為を否定することなく、子どもにとるべき行動を経験させていくことができます。

これが「子どもを伸ばす」ということです。

否定で子どもを押さえつけていくだけでは、その場だけの制止で子どもの経験値は増えていきません。


子どもの友達関係では、悩んだり、やきもきしてしまうことは多いのですが、大人がひとつ覚えておいたほうがいいことは、「友達関係は経験でしか学べない」ということです。

子ども同士の関わり、人間関係といったものは、いくら理屈で伝えたとしてもあまり身につくことではありません。子どもにとって、その実地の経験こそが大切なのです。ですから本当は、モノの取り合いや子ども同士のトラブルなども、大人が介入して決着をつけてしまうよりも、子ども同士がどう解決するか見守り、それを子どもが経験として学んでいくことが必要なのです。

いまの子どもは、そういう経験をする機会がとても少なくなっています。たまたま公園で一緒になったといった間柄ではしかたないかもしれませんが、きょうだいであるとか、親しい友達などでしたら、できるだけ子ども同士にやらせてみましょう。

大人のほうが最初から、「取り合いしてはいけない」「モノを貸せなければならない」「ケンカするのはよくない」などと考えていると、子どもはそこから学ぶ機会を持たないまま年齢だけあがることになってしまいます。友達との関わりは、「正しいこと」を子どもにさせようと干渉してしまうのではなく、経験から学べるよう見守ってあげることが必要なのだと思います。

その5 子どもとの関わり方の悩み

自信を持てない人たちへ

「子どもとどうやって関わったらいいかわからない」「子どもと自信を持って関われない」「年齢があがって手に負えなくなってきて困っている」など、子どもと関わる際の悩みはやはりとても多いようです。

保育園でも、こんなことがよくあります。毎朝子どもがゴネたりグズったりして、大人ひとりで園に連れてくることができず、母親と祖母のふたりで保育園に登園したり、お迎えに来たときになかなか帰ろうとせず、わざと困らせるようなことを毎日のようにして、どうしたらいいかわからずに途方にくれていたり……。

こういったイヤイヤ期特有の行動に振り回されて、子どもと関わる自信を失ったりするケースが多くなっているようです。僕は、これはなんとかしたいなと思っています。

子どもが、「言うことを聞いてくれないから」と怒ってばかり、叱ってばかり、やがてはそれがストレスになって、子どもを無視するようになってしまったり。または、子どもをなんとかグズらせないようにと、子どもの要求をなんでも聞き入れて〝いいなり〟になってしまったり……。

こういった困った行動が一時だけのことであればまだしも、怒られ慣れして大人の言葉など気にも留めなくなったり、親の〝いいなり〟が当たり前となって、わがままな性格になってしまうと、もう大変です。

現代の子育ての難しさとして、このようなケースが増えています。ここでは、そのような子どもとの関わり方からくる悩みをみながら、どのように子どもに向き合っていけばいいのかを考えてみます。

Q. 子どもに「ダメ」「早く」ばかりになってしまいます……

A.「ダメ」や「早く」といった言葉ばかりになってしまうことが、子どもによくないと思いつつも、ついつい口癖のようになってしまう人は多いようです。「ダメ」という言葉は、いろいろな場面で使えてしまうのでどうしても多くなりがちです。でも、これは子どもに対して否定的な言葉なので、多くなればなるほど子どもは聞こうとしなくなります。しかし、大人は子どもに言うことを聞かせようと、こういった制止や指示の言葉が増えてしまい、かえって悪循環を生んでしまいます。

「ダメ」と言ったとき、大人は「○○だから」という理由があって、それを「ダメ」と止めているわけですが、子どもにしてみると、「なぜダメなのか」をいちいち考え、理解して、大人の「ダメ」という言葉を聞いているわけではありません。子どもは、「ダメ」と言われたときに、「いましている行為がよくないからだ」とは考えずに、大人に否定されたので、「なんとなくいましていることはやめておこう」と感じます。きちんと「どの行為が」「どうしてよくないのか」を考えたり、理解するわけではありません。

ですので、子どもはまたそれを繰り返します。「ダメ」で一日を埋め尽くしたとしても、子ども自身は大して成長しません。もし、ルールを身につけさせたい、危険なことはしないでほしいといったことを求めるのならば、「ダメ」のような言葉で制止や指示を積み重ねるのではなく、子ども自身を伸ばすことをしなければなりません。

小さい子どもは、世間の常識や、社会正義を尊重して行動するわけではありません。大好きで信頼している大人が、「その行為をどう思っているか？」を気持ちで受け止めながら、行動規範を身につけていきます。

だから、過干渉をしすぎて信頼関係が下がってしまえば、かえって子どもはその大人の言うことを聞かなくなるので、悪循環になります。

子どもが大人の望まないことばかりをするので「ダメ」と言わざるを得ない、子どもが大人の要求することをなかなか実行しないので「早く」を繰り返し言わざるを得ない状態になってしまっている人は、まず、大人の言葉に従いたい、寄り添いたいという気持ちを子どもが持てるよう、子どもとの「信頼関係」を厚くすることから始めるといいと思います。

どうすればいいかというと、普段からの「受容」を心がけます。

「ダメ」や「早く」ばかりになってしまっている人は、子どもの相手に疲れてしまっていて、子どもと過ごすときくつろいだ雰囲気や笑顔が出せなくなっていたり、不機嫌さが慢性的に出るようになっているなんてことがよくあります。これでは、それだけで子どもは満たされた気持ちでいることはできません。

笑顔でこちらから関わって楽しい時間を共有して、子どもの「大人と楽しい時間を共有したい」「大人にあたたかく受け入れてほしい」といった誰しもが持つ欲求を積極的に満たしてあげるところから出発するといいでしょう。

それは、できるところから無理なくでいいのです。簡単なところでは、できるときにくすぐり遊びをして子どもと笑い合ったり、戸外に行って追いかけっこをしたりすればいいのです。そういったことが日常的にあると、子どもは「この人の気持ちに寄り添いたい」という思いが厚くなっていきます。これが信頼関係です。それを少しでもいいから意識していくと、それまで「ダメ」と行動の規制をしなければならなかったことや、「早く」を言わなければならなかった場面自体が、もしかすると減らせるかもしれません。

それでもまだ「ダメ」出ししそうな場面があったとしても、信頼関係が厚くなっていれば、次のようなアプローチができるようになってきます。

どうしても止めなければならない行為があったとき、「ダメ」と行為を制止するのではなく、「私は困る！」「私はそれが嫌だ！」という大人の気持ちのほうを伝えていきます。「早く」の場面では、「これ以上時間がかかると私は困ります」などと伝えるのです。

言葉や伝え方はいろいろあると思いますが、決まりごとや社会規範ゆえに「ダメ」なのではなくて、大人の気持ちを中心に、とるべき行動、してはならないことを伝えていくのです。これは言葉だけで「私は困る」を言ったとしても通じはしません。先に受容と信頼関係があって、その親子の間に通じる「心のパイプ」を太くしておく必要があるのです。

もうひとつの方向性としては、「制止」を積み重ねていくのではなく、自分で考えさせることを積み重ねていくアプローチがあります。

例えば、子どもがお友達とモノの取り合いになってしまって手が出そうだという瞬間、「ダメ」と否定の言葉で制止してしまうのではなく、「どうしたの？」と大人が投げかけることで、子どもに待ったをかけるとともに、子ども自身に自分の行動を見つめ直すきっかけを与えるのです。

たいていの場合、「ダメ」と言われてしまうのはいけない行為だとは、その子自身もわかっています。しかし、まだ感情のコントロールが未熟なせいでそれが出てしまうのです。ですから、そこを「どうしたの？」と大人が投げかけることで、もう一度気持ちを整理するきっかけを与え、考えさせてみます。

また、「どうしたの？」という声がけは、「あなたの気持ちを私は受け止めますよ」という、大人の心が開かれている姿勢の表れでもあります。これは、「ダメ」という制止の言葉が「否定」のメッセージであることと対極にありますね。「ダメ」から「どうしたの？」への言い換えは、かなりいろいろな場面で使えます。「早く」の場面でも、「どうしたの、そろそろ行く時間ですよ」のように、この「どうしたの？」は使えます。

「どうしたの？」を投げかけて、子どもが危険な行為をストップできたときには、「うん、ちゃんとわかったね」とにっこり微笑んでそれを認めてあげるフィードバックをすることができます。そうしてもらえることは、「ダメ」と制止を重ねることよりも、ずっとその子ども自身を伸ばすことができるのです。制止や指示は、必要があればそれからしても遅くはありません。

このアプローチでも先ほどと同じように、受容からの信頼関係を先につくっておくといいでしょう。

Q．「甘え」と「甘やかし」の違いがよくわかりません

A．「甘え」と「甘やかし」の境目がわからず、「これは甘えを受け止めている行

為なのか、子どもを甘やかしてしまっているのか」と自分に自信が持てず、なんだかもやもやしたまま子どもの相手をしているという人はけっこういます。

これに悩みながら子どもに関わっている人は、まじめだったり一生懸命だったりする人だと思います。しかし、この状態はそのまじめさゆえに、「子育ての正解探し」をしながら子どもに関わっている場合が多いのです。

「これは本に書いてあったから甘えの受容だわ。やって大丈夫」「これをしたら甘やかしかしら?」「これはなんだか甘やかしのような気がする。やめておこうかしら」

そんなことを考えながら、いちいち子どもと関わっていたら、あっという間に子育てに疲れきってしまいます。これをしていると、それは大人自身が「子どもに対して自信のない子育て」になってしまいます。

子どもに対するときに、自分のすることに自信を持てていなければ、それがたとえよい関わり方だったとしても、実はあまり意味のあるものになりません。

僕がここで、「こういうとき子どもにこうするのは、甘えの受容なのでやってOK！」「こうすることは甘やかしだから、やってはいけませんよ」と書いたとしても、さして子育ての助けにはならないことでしょう。どっちみち、ひとりひとり個性や置かれている状況が違うのですから、書き尽くせるものでもないし、万人にあてはまるわけでもありません。


すごくおおざっぱではありますが、「甘え」と「甘やかし」の見極め方のポイントを書いておきます。

それは、〝自分自身に聞いてみること〟です。

子どもがなにか要求してきたとき、「〝私が〟その行為を気持ちよくやらせてあげられる」ことならば、それは「甘え」として受け止めてあげてもよいでしょう。

逆に、「〝私が〟その行為を子どもにさせたくないと思っている」のに、子どもにそれを許容するのであれば、それは「甘やかし」です。

大人である〝私〟が、気持ちよく受けられるならば、「これはやらせてもいいのかしら……」などと迷わずに、堂々と許容するなり、やってあげるなりすればいいでしょう。

逆に、〝私〟が「それはいやだな」と感じることであれば、堂々と自信を持って「それはできない（させない）」でいいと思います。その理由は大人の都合だとしても、それでいいのです。

もしそこで、大人のほうが「やらせなければかわいそうかしら……」とか、「それでは子どもを尊重していないことになってしまうのかしら……」などと揺らいだ気持ちでいれば、子どもは「ゴネればなんとかなるのではないか」「グズればやらせてもらえるのではないか」と依存する気持ちになり、ゴネたりグズったりなどの大人が困る行動が多くなり、それを慢性的なものとして身につけていってしまいかねません。そうなってしまうと、子どもの相手をすることが、大人にとって大変になってしまいます。

子どもがなんらかの要求をしてきたとき、「どうするのが正しいか」を考えるのではなく、「私はどうしたいか」と自分に問うてみてください。そしてそれを偽《いつわ》らずに子どもに示していくことで、子どももそういったときにとるべき行動を学んでいけるのです。

いまの人には、これができずに子育てを難しくしてしまうケースが増えています。

Q. 子どものゴネやグズりが多くて困っています

A. 小さい子どもが大人にゴネたりグズったりするその根っこには、大人との〝よい関わり〟を求める気持ちがあるからだろうと思われます。「あれ買ってー」といった要求もそうです。

そのゴネたりグズったりをオロオロして受けても、力で押さえつけても、要求をいちいちかなえていっても、結局はそれで解決することはありません。本当に子どもが求めているのはそれではないからです。

〝よい関わり〟とは、大人から自分のことを好意的に見てもらったり、笑顔を向けてもらうようなあたたかい関わりや、ともに楽しい時間を共有してそれを共感し合うことなどです。子どもは、誰もがこういったことを心から欲しています。いわばこれらは本当の意味での〝甘え〟だと思います。

子どもはこういうことを求めて大人に甘えてくるのですが、その甘えの道がふさがれてしまうと、ネガティブな行動に出ざるを得なくなってしまいます。ですから、むしろ〝甘え〟を適切に満たしてあげることで、ゴネたりグズったりで出す必要をなくしてしまえばいいのです。「甘えは甘えとして満たす」ことがとても大切です。

子どものゴネたりグズったりで困っている場合は、普段から積極的にあたたかい関わりを持つことで、いざというときに大人が困るような行動を出さないほうへと持って行くことができるでしょう。

Q. 自分は「過保護」ではないかと不安です

A．いまの子育て環境は、過保護になりやすいです。

一家庭の子どもの数は少なくなり、子どもに目が届きやすくなっていますし、親のほうも、子どもを大切にしなければという意識が強くなっています。それらは必ずしも悪いことではありませんが、行きすぎてしまうとかえって子どもは成長していけなくなってしまいます。

ちょっとくらいの過保護ならば、いまの育児環境では当たり前といっても過言ではないでしょう。しかし、あまりに過保護だと、親自身にとっても子育てを大変なものにしてしまいかねません。では、その大変になってしまうケースの根っこはどこにあるかと考えると、それは大人の気持ちにあるようです。

大人の持つ、子育てへの〝自信のなさ〟〝不安・心配〟が、子どもへの行きすぎた過保護のもとになってしまいます。

例えば、わかりやすいのは〝厚着〟をさせてしまう大人の心理です。

子どもに過剰な厚着をさせてしまう人は、「これでいい」と自分の心配に歯止めをかけられなくなっています。

「うーん、これではカゼをひかせてしまうかしら……」
「これでもまだ寒いわよね……」

どこかで「大丈夫だ」と思えないために、どんどん我が子に服を着込ませてしまいます。そのあげく、かえって汗で冷えてカゼをひかせてしまったり、体温調節ができずに体調を崩させてしまったり、悪い結果となってしまうことだってあります。

心配しすぎは過保護のもと

このように子どもに対する関わりに、〝自信を持てないこと〟〝不安・心配が大きすぎて歯止めがかけられないこと〟に過保護の根っこはあります。このことは大人の持つ自信のなさや不安・心配を子どもに押しつけてしまうことになっています。親ですから子どもを心配するのは当然ですが、それで子どもの育ちを難しくしてはもとも子もありません。

そうならないために、ある程度、不安や心配は大人自身のなかで解消していくといいでしょう。例えば、子育てについていろいろ話せる人がいると、ずいぶん楽になります。グチを聞いてもらうだけでもいいですし、ときには「そんなことみんな通る道だから心配ないわよ」と、悩む必要もないことで悩んでいたことに気づかされることだってあります。

孤立した子育てをしている人ほど、不安や心配が大きくなり、自分に自信が持てなくなり、子育てが迷走しやすくなるようです。家庭で妻や夫に、また育児をしている友達、または自分の親など、いろいろ話せる相手がいるといいですね。

もし、これを読んでいる方がお父さんでしたら、お母さんは〝子育て〟というまったく未経験の仕事を、マニュアルも、その仕事を教えてくれる先輩や指導者もなしにいきなり任されたのだと想像してあげてください。それはとても大きな責任をともなっているのに、どうすればいいのかもわからずまったく手探りでやっています。そこにはとても大きな不安や心配があるのです。ですから、直接多くの時間育児に参加できなくても、お母さんの胸の内を聞いて、受け止めることで気持ちを共有してあげてください。そのことが結果的には、子どもの健やかな成長の大きな助けになります。もちろん、お母さんの助けにもです。

“失敗”は大事な経験

過保護になりすぎてしまうことには、親の不安・心配、自信のなさだけでなく、他にも大きな理由があります。

それは子どもに目が行きすぎるあまり、「正解を教えてあげよう」と無意識に考えてしまっていることです。

「正解を教えてあげよう」というのは、「子どもに失敗させてあげられない」ということです。ついつい大人は、子どもに正しいことをさせよう、経験させようと、手を貸してしまったり、正しいやり方を示してそのようにやらせようとしてしまいます。その結果、むしろ子ども自身の、自分からしようとする意欲や、経験を奪うことがあります。

でも、大人はよかれと思ってしているので、自分の子どもへの関わり方を客観的にかえりみてみないと、実は子どものためにならない干渉といった過保護が増えてしまいます。

時間がなかったり、危険だったり、失敗しては困ることならば別ですが、「失敗してもいいから自分でやらせてみよう」というおおらかな気持ちで見守ってあげることは、子育てする大人の姿勢としてとても大切なことです。

まじめだったり、一生懸命だったりする人ほど、「失敗させないようにしなければ」と無意識に考え、ついつい手が出てしまいますので気をつけたいですね。

信じて待とう

過保護になってしまうことには、もうひとつ理由があります。それは親が〝待てない〟ことです。〝待てない〟のは、時間がないから待てないというよりも、子どもがその行為を〝できる〟と信じてあげられないために〝待てない〟のです。

確かに子どもは、最初からなんでもできるわけではありません。でも、大人がてしまいます。

「どうせできないわよね」と思って決めつけてしまえば、本当にできなくなって

「確かにいまはできないかもしれない、でもいずれきっとできるようになるから、それを信じて、失敗してもいいからやらせてみよう」、僕はそう考えていろいろな場面で、余裕があるときは待ってあげるようにしています。

また、なにか大人が手を貸したり手伝ったりするのは、子どもが「できないよ」「手伝ってよ」と意思表示をしてからするようにしています。

この意思表示は、言葉のしゃべれない〇歳の子であったとしても、ちゃんとしてきます。

例えば、赤ちゃんがそばに置いてあるおもちゃを取りたがっているとき。大人は親切なので、欲しがっていると思えば、それを「はい、どうぞ」と取ってあげてしまいます。まあ、それが悪いわけではありません。

でも、おもちゃを取ってあげずに見守っていると、その子が「これはできないな」と思えば、大人に目線を向けてきたり、フンフンと鼻を鳴らしたり、なにか

声を出したり、または泣くことで、「手伝ってよー」というメッセージを送ってきます。そのメッセージを待ってから手伝っても少しも遅くはないのです。

そのようにすると、過保護にならないだけでなく、自分でやろうとする自立心を伸ばし、「大人は自分を見守っていて、きちんとその意思を受け止めてくれるんだ」という安心感を子どもに与え、親子で心の交流を持てます。もっと年齢の大きな子でも、それは同様です。

大人のほうに気持ちの余裕があって、子どもを信じてあげられないと、〝待つ〟ことはできません。また、不安や心配が大きくて、焦りがあっても待ってあげられません。僕は、子どもの育ちを考えるとき、「信じて待つ」という言葉を大切にしています。

Q. ついつい毎日怒ってばかりになってしまいます

A. 子どもを叱ることばかりが多くなってしまって、それで自己嫌悪を感じたり、子どもに向き合うのが辛くなってしまったりすることは、子育てのなかでよくあることです。

怒ることや叱ることが必要で、それに意味があるのならばいいですが、「怒ることにも意味がないように感じている、しかしその感情を押しとどめることができない」といった気持ちになっていたら、そのまま子育てをしていくのは辛いことでしょう。


こういったとき、たいていの人が「怒りすぎ（叱りすぎ）だから、怒らない（叱らない）ようにしよう」と考えます。しかし、そう心に決めているのに結果はそのようにはなりません。するとそこに大人自身が、自己嫌悪、自己否定感を感じてしまいます。子どもを怒ったり、叱ったりで一日が埋め尽くされるのも辛いですが、大人自身が「自分の決めた通りにできない」と感じることもまた辛いものです。

「叱らないようにしよう」と決めてそれができるケースならばいいと思いますが、何度繰り返してもそれができないという場合は、その努力は無駄になってしまうと思います。

こういったときは、頑張るポイントを変えてしまうほうがいいでしょう。叱るようなことが出てきたり、怒りたい気持ちになってしまったら、それはそれでいいのです。その代わり別のところを頑張ってみます。

それはプラスのところです。怒るところ、叱るところはそのままでもいいので、そうではないときは、気持ちを切り替えてともに笑ったり、楽しんだりといったプラスの関わりを積み重ねていきます。

例えば遊びの相手をするにしても、イヤイヤ付き合うくらいならば「いまはできません」と断ってしまったほうがよほどいいでしょう。イヤイヤ付き合っても、子どもは満たされないからです。その代わり気持ちよく相手をできるときに、一緒に楽しめばいいのです。小さい子ほど、遊びそのものよりも、大人と楽しい時間を共有したくて遊びの相手をせがみます。義務やイヤイヤで相手をすれば、かえって子どもは大人を困らせることをするようになりかねません。

この場合でもおすすめしたいのは「くすぐり」です。「くすぐり」遊びは、時間がなくても、子どもの相手が苦手という人でも簡単にできます。それでいてプラスの関わりがギュッと詰まっています。

怒ること、叱ることを減らそうと頑張るよりも、その前に子どもを満たしてしまい、良好な関係にしてしまうと、そもそも怒らなければならない場面を減らすことができますし、もし怒らなければならないことがあったとしても、その対応が容易になります。

これも「先回りした関わり」と呼べるものです。子どもが困った行動をしだしてから苦労して対応を頑張るのではなく、子どもとの関係性を先に良好にしてしまうことで、大変だと感じること自体を減らしていけます。

子育ての目的は子どもに〝ダメ出し〟をすることではありません。子どもの気持ちや情緒が安定しており、大人と子どもの関係があたたかいものであったほうが、子どもに伝えたいことがすんなりと伝わるのです。

これは乳幼児だけでなく、思春期の子どもや大人に対してもそうなのですが、人になにかを伝えたいと思ったらば、否定から入るのではなく、その人を肯定し認めることをして、その人に信頼感を与えてからでなければ伝わりません。我が子が相手の子育てでは、ついついこのことが忘れられがちで、否定を繰り返し悪循環を生みます。信頼関係を築けない人は、押さえつけたり、叱ることで否定し続けるしかなくなってしまいます。

怒ってばかりになってしまっている人は、ここを一度リセットするために、できるときでかまわないので、子どもとプラスの関わりをするところから始めてみるといいでしょう。

また、怒ってばかりになっているケースは、他にもあります。それは、自分で気づかないうちに子どもに過干渉になってしまっている場合です。

子どもの行動がいちいち気になって目を離せなくなってしまい、ちょっとしたことでも口や手がたくさん出てしまいます。これをされると子どもとしても干渉されるストレスが溜まっていきますので、別のところで〝大人に従わない〟または、〝大人の気にさわることをする〟という行動が増えていってしまいます。

こういう場合は、ちょっと気持ちをスローダウンしたりして、子どもが自分で行動するのを待ってみたり、些細《ささい》なことであれば干渉しないように見守ってみたりするなど、関わり方を変えてみるといいかもしれません。

室内での落ち着かない行動が気になってしまうときなどは、戸外での遊びを多めにしてみたりといった〝環境〟を変えることでも、過干渉を減らすことにつながる場合もあります。

子どものイライラが多かったりするケースでは、水遊び、砂遊び、泥遊びなど、〝情緒の安定〟に効果のある遊びをすることでも、大人が注意したり、ダメ出ししたりなどの干渉を減らせる場合もあります。

Q. 一生懸命関わっているのに、言うことを聞いてくれません

A. 先ほどの、『子どもに「ダメ」「早く」ばかりになってしまいます……』のクエスチョンでも、「受容」と「信頼関係」についてお話ししました。

一生懸命子どもに向き合っている人、「受容もしているのだけど……」という

人でも、子どもとの関わりがなんだかうまくいかないということがあります。
もちろん、それにもさまざまな理由があって一概に言えるものでもありませんが、こんなケースが比較的多く見られます。

子どもに「〝一生懸命〟に向き合っている」と感じている人は、頑張りすぎているのかもしれません。子どもとの関わりは「頑張ればいい」というものでもないようです。

〝一生懸命〟〝頑張って〟、子どもの相手をしている人は、それゆえに気持ちに余裕がありません。余裕が失われてしまうと、表情も穏やかだったりあたたかいものではなくなってしまいます。子どもと関わるときも、楽しい経験などを共有、共感することがしにくくなります。また、〝大人のほうから〟という積極的な姿勢もなくなっていきます。

この状態だと、大人はとても一生懸命子どもの相手をしているつもりでも、大人の頑張りとはうらはらに、それらは心をあたためかくしてくれる関わりではなくなってしまいます。すると子どもは、満たされた気持ちになかなかなりません。

そうすると大人にとって関わりにくい行動に出やすいのです。

こんなときは焦らず、一日のスケジュールに余裕を持たせたり、子どもへの要求、大人が望む姿のハードルを少し下げてみてはいかがでしょう。

「あれもしなきゃ、これもしなきゃ」
「子どもに○○ができるようにさせなければ」
「ここで迷惑をかけないようにさせなければ」

そんな子どもへの課題を設定して、それを達成させようといった気持ちで子どもに関わっていると、課題は増えるばかりでいつまでも及第点《きゅうだいてん》には届きません。それでは余裕が失われていくばかりです。

僕が子育てする上で一番大切にしたいなと思っているのは、〝おおらかさ〟です。あわてなくても、子どもは放っておいてすら成長していきます。ことさら課題をたくさんこなそうとしなくても大丈夫ですから、少しおおらかになって余裕を持って、あたたかい気持ちで子どもをただ見守ってあげると、いろいろな場面で子育ては楽になっていくのではないかと思います。

余裕がなくなると、人はすぐに顔に出ます。表情が硬くなって、人を受け入れるあたたかい笑顔は簡単に出なくなってしまいます。

〝頑張って子育て〟するよりも、〝頑張らないでおおらかに笑顔で子育て〟するほうが、うまくいくことが多いようです。

Q. 子どもが「イヤイヤ期」になったようです。最後には決まって、感情的に怒って子どもを泣かせることになり、自己嫌悪に……

A. 「イヤイヤ期」を心配して、それこそ子どもが○歳の頃から気にしている人もいます。どうも多くの人が、「イヤイヤ期」や、そこで子どもが強い自己主張をすることを〝よくないこと〟ととらえているようです。でも実は、そんなことはないんです。まず、「イヤイヤ期」とはなんなのか考えてみましょう。

「イヤイヤ期」は子どもの自立の第一歩です。自我が育ってくると、子どもはイヤイヤ期を通して、「どうやって自己主張をするのか」「どこまでそれを出していいのか」「どこでそれを引っ込めればいいのか」を身近な大人を練習台にして実地に試してみます。合わせて、それにともなう感情のコントロールの仕方も身につけていきます。

だから、イヤイヤ期で出してくる要求は理屈で押さえつけられるものではありません。人によっては、「そんなことは許しません」と真っ向から理詰めで戦ってしまう人もいますし、逆に子どもの要求に応えなければと考え、子どもの要求ひとつひとつをかなえようとしてしまう人もいます。

それらが必ずしも悪いわけでもありませんが、イヤイヤ期の子どもの対応はそこを頑張らなくてもいいと僕は思います。

子どもは自己主張の練習をしているわけですから、そこで出してくる要求のひとつひとつはうわべだけのもので、そんなに意味があるわけではないのです。ですから、真っ向から理詰めで戦ったとしても、逆にその要求をかなえたとしても、それらが大きく子どもの成長に影響するわけではありません。

子どもが要求なり、イヤイヤを出してきたとき、まず子どもの自己主張をとりあえず大きな気持ちで受け止めてあげるといいでしょう。

その上で、それが無理なく聞き入れられることなら、気持ちよく受け入れてあげればいいでしょう。もし、受け入れられないことならば、その主張や気持ちを受け止めつつ「ああ、そうなんだね、あなたはそうしたいんだね。うん、わかった。でも私はそれはできないわ」でいいのです。そこで、子どもはさらにゴネたり、泣いたり、さらなる自己主張をするでしょう。いじけたりしてくることもあるでしょう。でも、それでいいのです。

子どもはそこで、自己主張をしたけれども、「受け入れてもらえない、それは嫌だ」「でもお母さん（お父さん）はできないと言っている。どうしよう……」と心の中で〝葛藤〟をします。

この〝葛藤〟が大事なのです。それによって、子どもは自己主張をどこまで出せばいいか、どこで引っ込めればいいか、そのときの感情はどうやってコントロールすればいいのかを経験していくのです。

このときに、大人が「怒りすぎてしまったかしら……」などと揺らいだ気持ちを出してしまうと、子どもは葛藤を乗り越えずに、親に譲歩させることで解決しようとしてしまいます。

本当は「イヤイヤ期」はそんなに恐れるようなものではないのです。子どもがこの時期にたくさんの「イヤイヤ」をするのは、むしろ親のためになるとすら言えます。なぜなら、子どもは親から自立するための第一歩として、親に自我をぶつけて自立の練習をしているからです。

ですので、子どもがイヤイヤを出すようになってきたら、「もうそんな時期なのか〜、順調に成長の階段を登っているんだな」と、恐れずおおらかな気持ちで受け止めてあげてほしいのです。

とはいえ、イヤイヤ期の子どもは確かに大変です。実際、なだめてもすかしても、怒っても、テコでも動かないということもありますし、大人が本気でイライラしてしまうこともあります。

それでつい感情的に怒ってしまうことがあったりしても、それは気に病《や》まなくていいと思います。イヤイヤ期は、一種の〝はしか〟のようなところがあって、うまい対応をすればその症状が出ないというわけではなく、誰しもがかかり、誰しもがそれを乗り越えていくしかないものです。

「何が正しいイヤイヤ期の乗り越え方なんだろう？」

「ああしてしまったのは、いけなかっただろうか？」

そのように考えるのではなく、うまい対応でなくてもいいので、とりあえず〝乗り越えてしまう〟でいいと思います。

イヤイヤ期をあとから振り返ってみると、不思議と子どもも大人も、「あれ、そんなことあったっけ？」「そういえばそんなこともあったかなぁ」と、そのときはとても大変だったはずなのに、その大変さは大したことはなかったと思えてしまうようです。

とはいえ、「イヤイヤ期」の関わり方で、最近気になることがあります。

それは、〝大変さそのものを回避しよう〟と大人が考えてしまうことです。

子どもが「イヤイヤ」を出すことをよくないと考えているのか、大人が「イヤイヤ」を受けるのが嫌だと思ってしまっているのでしょうか。

例えば、子どもがなにか要求を出してきたら、大人が受け入れがたいことであってもそれをかなえようとしたり、お菓子やジュースをあげることでごまかしてしまったり……。

この点でも「イヤイヤ期」は親のためにもなるとも考えられます。

子どもはこの時期に、さまざまな理不尽な要求を出してきます。大人はそれらに対抗したり、突っぱねる強さを持たなければならなくなります。それを、まだ子どもが小さいこの時期に、大人のほうも実地に練習することができます。

子どもが大きくなってから、それに対抗するのはかなり大変です。でも、ここで〝子どもがゴネてきたらこうすればいいんだ〟といったことを経験しておくと、この先に子育ての困難に直面したときに、大人はうまく対応できるようになります。

しかし、この時期をモノやお菓子でごまかして過ごしてしまえば、子どもにしっかりと向き合わなければならないときの強さを身につけることなく、年月を過ごしてしまうことになります。

このように子どものイヤイヤやゴネを避けることばかりを選択してしまって、後々子どもに向き合うのが苦痛になり、結果的に子どもを放任したり疎外してしまうようになってしまう人もいます。

一見、子どもがイヤイヤをするのは好ましくないことのように感じられるかもしれませんが、実は子どもの成長にとっては、そのような後ろ向きに見える行動にもみんな意味があるのです。ですから、イヤイヤ期も〝悪いもの〟ととらえないでほしいと思います。

背景にある「親自身の生育歴の影響」

「自信を持てない」「うまくいかない」「どうしていいかわからない」「イライラや怒りなどの感情を抑えられない」「ついつい過保護、過干渉になってしまうことをやめられない」「子どもを肯定的にみてあげることができない」などなど、子どもとの関わり方における難しさは、多くの人がさまざまに感じています。

いろいろな人の子育てを見たり、相談を受けていて感じるのは、それらの背後には親自身の生育歴、つまりその親との関わり方や、自身の自己肯定感などが影響しているのだろうということです。

例えば「子どもへの過干渉をやめられない」といったケースなどは、その親自身が子どものときに強い過干渉をされて育ったといったことがよくあります。人によってはそれを自覚していない人もいますが、なかには自分が過干渉をされてきたことを自覚していて、「我が子にはそうしたくない」と思いつつもそれがやめられずに苦しんでしまう人もいます。

また、親自身の自己肯定感の低さは、子育てで子どもと向き合うときに、子どもに対する〝自信のなさ〟や〝不安・心配〟として出てくることがしばしばあります。それは、子どもを受け止められない、笑顔を向けられない、子どもをかわいいと思えない、行動のひとつひとつが気に障《さわ》ってしまう、認めること、褒めることができない、ダメ出しや否定ばかりになってしまうといった望ましくない対応の仕方につながり、結果的に過保護や過干渉、逆に放任などを生む原因ともなってしまいます。

子どもへの関わり方を変えるだけで、子育てがよくなっていくケースならばいいのですが、こういった親自身の内面からくる問題は、「子育てをこうするといいですよ」だけでは解決しないこともあり、大変な難しさを感じます。こういう場合は、子どものことだけで頭をいっぱいにせずに、ちょっと立ち止まって自分自身を見直したりすることも必要なのかと思います。

僕は子育てが専門なので、こういったとき、子どもとの関わりを楽しいものにすること、手応えのある関わり方を提案することで、親自身も自己肯定感を育んでいけるといいと考えています。これについては、「その６」「その７」でも、もう少し考えてみたいと思います。

その6 子どもとの距離感に悩んでいる人たちへ

楽しい子育てのヒントとして

こんな親子がいました。

とても過保護になっているお母さんです。子どもが、公園で遊んでいて走ったところ、ちょっとつまずいて転びました。さして激しい転び方をしたわけでもないし、子どもが特にケガをして泣いているという風でもありません。しかし、そのお母さんは血相を変えて飛んでいき、まるで大ケガでもしたかのように心配し、あわてています。しまいには、「ママがちゃんと見ていなかったのが悪かったわね、ごめんなさいね」と子どもに謝っています。

このような過剰な保護と心配が、日々のなかでたくさん積み重ねられています。

そして、その一年後、このお母さんは子どもの世話をすることが苦痛でしかたがないようになってしまいました。

子どもはとてもわがままになり、自分の思い通りにならなければかんしゃくを起こしたり、感情的にふるまうことが多くなりました。泣いたり、イライラすれば長引いてなかなか収まりません。うまくいかないこと、思い通りにならないことを「ママのせい」にして、母親を責めたり叩いたりすることもあります。

これはなぜでしょう?

これは、過保護ゆえに母親への「依存」が高まってしまった結果です。

ここまで、よくある悩みについてのとらえ方、考え方、対応の仕方の例をあげてきました。

子育てのおかれた状況はさまざまですから、これまで述べてきたことをしてみて解決につながることや、とらえ方の参考になるものがあったかもしれませんし、「我が家のケースでは合わないかな」ということもあったかと思います。

僕はさまざまな悩みに触れたり、相談を受けてきたなかで、そういったひとつひとつの悩み以前のところに、別の子育ての難しさの問題が存在すると感じています。

それは、大人が子どもとの位置関係をどう保って、どのように関わればいいのか、その関わりのあり方自体がわからなくなっているというものです。僕はこれを「子どもとの距離感」の問題として考えています。


例えば、子どもがなにかわがままを言ったり、ゴネたりしたとき、それに対して、叱ればいいのか、はたまた子どもの望みをかなえればいいのか、どう子どもに対応すればいいのかに悩んでしまう人がいます。一方で、子どもを力で押さえつけることに終始してしまう人もいます。

相談のなかにも出てきましたが、「甘えと甘やかし」の境界がつかめずに、なんとなく「このやり方でいいのかしら?」と、ひっかかりながら子どもに関わっている人も多いことでしょう。それまで子どもと関わった経験もなく、子どもへの関わり方がついつい過保護や過干渉になってしまい、歯止めがきかなくなってしまっているケースなど、この「子どもとの距離感」の問題は、いまの子育てのなかで大きなウェイトをしめています。

いま子育てをしている多くの人たちは、子育てを十分に理解した上でしているわけではありません。

昔だってそれは同じだったかもしれませんが、かつてはいまより身近にいてサポートしてくれる人や、「ああ、そんな風にやってみればいいんだな」というお手本になる人などが、ずいぶんと多くいました。また、大人が子どもに望むものも、いまの時代よりはよほど単純でした。

しかし、現代の親はサポートやお手本もなしに、手探りで子育てにのぞんでいます。そこでは、子どもへの関わり方に「自信が持てない」「不安がある」「心配が大きい」といった、大人の姿勢、気持ちの問題がつねにつきまとっています。

それゆえに、子どもに過保護になったり、過干渉がクセになったり、大人自身が思っていることを伝えるのにためらいを覚えたりして、毅然とした態度や、強い態度に自信を持って踏みきることができません。

この、子どもと自分の立ち位置や、距離感を測りあぐねていることから、子どもの大変な姿を引き起こしたり、子育てが難しくなってしまったり、悩みがとても多くなっています。

これまで見てきた子育てのさまざまな悩みでも、本当の悩みの原因は、目の前に起きていることよりも、実は親の姿勢そのものにあることが少なくありません。そういった場合は、いくら目の前に〝問題〟として見えていることへの対応に悩んでも、なかなか解決にはつながりません。大人の自信や不安などの、気持ちや姿勢にその遠因があるからです。

ですからここでは、さまざまな問題の背景になっている、そういった大人と子どもの距離感のことを掘り下げて、より楽しい子育てができるようなヒントになるものをまとめていこうと思います。

一のことに一〇の援助をしない

この冒頭にあげたケースでは、いったいなにが子育てを難しくする原因になってしまったのでしょう？

このお母さんは、子どものことを大切に思い、子育てにも熱心で、お世話も手厚いです。しかし、その関わり方を続けた結果、子どもの姿は大変になり、それを見たくないといった心境にまでなってしまいました。

なぜそうなったかと言えば、手のかけすぎ、保護のしすぎによって、親への「依存」を高めすぎてしまったからです。

子どもは、もともと親に〝依存する気持ち〟があります。それ自体は、誰しもが当たり前に持っているものなのですが、それは成長とともに薄れ、反対に「自立心」が芽生えていくものです。しかし、大人の関わり方によって、〝自立をはばんで依存を高めてしまう〟ことがあります。

冒頭の例は、まさにそのケースです。過保護によって、子どもの世話に手をかけすぎると、主に行動面の自立を遅くします。それは全般的な経験不足につながることが多いので、さらに心の面でも「幼さ」が残ります。そのくらいならば、幼い面が多く目につくというだけで、大人が「子どもを見たくない」といったところまではならないだろうと思います。せいぜい、「うちの子は幼くて手がかかって大変」くらいです。

この例では、それに加えて母親が終始、過剰な心配をしていたために、子どもは行動面のみならず、心の成長、気持ちの上でも「依存」が強まってしまったのです。軽く転んだだけでも大げさな心配をするといったことを重ねていくと、子どもはその大人の持つ不安や心配といった感情に寄りかかってしまい、自分の心でそれを乗り越える必要がなくなってしまいます。

この子は転んでしまったとき、そこで失敗してしまったという経験を、少しでも自分の心の力で乗り越えようとする必要がありました。でも、実際には母親が過剰に手助けしてくれることから、その心の動きの経験をしないまま、年齢を重ねてきてしまったのです。そのようなことが、生活全般にわたっています。

それゆえに、年齢があがっても、ものごとに自分の心の力で向き合うことが苦手です。もし、失敗や思い通りにならないことがあったとき、それを自分の問題として自分で乗り越えようとせずに、「誰かのせい」にしてしまいます。この場合は、もっとも依存が強い母親にそれをぶつけていくことになります。

結果的に、母親はこの子から受ける大変さ、ストレスがとても大きな負担となってしまいました。

本当は、子どもに手助けをしすぎることは、ちっとも親切なことではないのです。子どもに〝一の援助〟が必要なとき、大人は〝一の援助〟をすればいいのです。〝一の援助〟のところに〝一〇の援助〟をしていたら、子どもはあっという間に親への依存心ばかりが高くなり、心の力を伸ばさないまま育ってしまいます。

ごまかしは心の成長を邪魔する

心の成長をはばんでしまうケースは、他の関わり方にもみられます。

三歳の女の子の事例です。

母親は、子どもに対して強い関わりをすることが苦手なタイプ。子どものいいなりになることが多く、子どもはわがままな要求がとても多くなっています。それを母親はコントロールしきれないので、ことあるごとにお菓子を与えることでおとなしくさせていました。

しかし、それで子育てがうまくいっているわけではなく、だんだんと子どもの難しい姿は増していきました。その子は、母親に対して命令するようなきつい言葉や、ののしるような言葉を普段から出すようになってしまいました。母親は、慢性的に無表情であまり感情のこもらない悲しげな顔になってしまっています。

なぜこのようになってしまったのでしょうか。それは先ほどの例と同じように、過保護なために自立をはばみ「依存」を高めてしまっていることに加えて、子どもを〝満たしていない〟からです。

このお母さんは、子どもの要求を一生懸命かなえてあげたり、欲しがる玩具《がんぐ》や食べ物を与えることで、この子を受け止めようとしています。それが「親の優しさ」なのだと思ってしまっています。しかし、それらの関わり方は、子どもの心の本当の欲求を満たしてあげていません。

子どもが出してくる要求をお母さんはかなえていますが、心から許容し喜んでそれをしているわけではありません。本当は好ましいと思っていないのに、しぶしぶかなえているわけです。玩具や食べ物を与えることも同様です。それをいくら子どもの望むままに与えたとしても、それで子どもの本当の欲求が満たされることはありません。お母さん自身は「一生懸命子どもの相手をしている」と感じているのですが、これでは徒労感ばかりです。

しかし、このお母さんは、子どもを「受容する」ということや、「受容の仕方」を知りません。子どもは満たされないので、自分なりの方法でなんとかそれを求めます。しかし、この子自身も、どのように関われればお互いに気持ちよく過ごせるのかを知らないので、ネガティブな姿で大人を振り回すばかりになってしまっています。

実は「甘え方」というのは、大人のほうから示してあげる必要があるのです。お互いに気持ちよく関われる方法を大人のほうから進んで示してあげることで、子どもはそれを身につけられます。それを大人から示すことができないと、子どもは自己流の関わり方で親に満たしてもらおうとするのですが、それでは多くの場合、大人を困らせるようなネガティブな行動となっていきます。

子どもは、本当はお菓子や玩具が欲しいわけではないのです。その子の性格が悪いから、親を困らせるようなかんしゃくを起こしたり、キーキーとわめいたりしているわけでもありません。どうしたら大人からあたたかい視線や関わりをもらえるか、その方法を知らないためにそうならざるを得なくなっているのです。

〝甘え方〟を示してあげる

こんな子どもの姿に接したときは、〝素直な甘え〟に変えてあげましょう。参考程度の一例ですが、例えばこんな風に対応してみます。

ゴネたりかんしゃくを起こしてきたとき、「そんなイライラして言われたら私だってすごく嫌な気持ちになるよ」と、そのような要求の出し方を気持ちよく許容できないことをきっぱりと伝えてしまいます。その後で、「あなたのことはちゃんと見ているから、甘えたかったら素直に〝抱っこして〟って言ってきていいんだよ」と笑顔で両腕を広げてあげます。

これは言葉だけこのように言っても意味はありません。大人の心が気持ちよく子どもに対して開かれていないと、子どもの心には届きません。

大人が本当は嫌だなと思っているネガティブな行動を、そのまま頑張って受け止める必要はないのです。そこを大人が頑張ってしまうと、その子はそういったネガティブな関わり方を学習して身につけてしまいます。それでは、親が自分から、子どもの姿を育てにくいものにしてしまうということですよね。

「甘え」は「甘え」として満たす必要があるのです。

その「甘え」の道を大人がふさいでしまうと、子どもはそれを「ネガティブな行動」「理不尽な態度」として出してしまいます。そうなってしまうと、大人は力でそれを押さえつけるか、いいなりやごまかしで対応することになりかねません。そうしていると、それが生活の上や、育ちの上で慢性的な習慣となってしまいます。これでは、子育てはどんどん大変になってしまうことでしょう。

「お化けがくるよ」と言っていませんか？

「子育てにウソはいらない」と僕は考えています。それは、子どもに対しても、自分に対してもです。

子どもの行動をコントロールしてしまおうと、お菓子を与えて〝ごまかし〟をするようなことは、これは子どもに対するウソです。似たような場面でよく使われる「〇〇しないとお化けがくるよ」といった〝脅し〟も、まさにウソそのものですよね。

また、子どもの要求を本心では好ましく思っていないのに、しぶしぶ、イヤイヤかなえるのは、これは自分に対するウソです。前にあげた事例では、お母さんがそれが子育ての方法なのだと考えてしまい、このふたつのウソをたくさん重ねてきてしまいました。それゆえに、子どもを見たくないと感じるほどに子育てが難しくなってしまったのです。

ウソのない子育てにするためには、できないこと、嫌なこと、困ることにはきっぱりと〝NO〟と言っていいのです。その一方で気持ちよく子どもを受け止められるときには、しっかりと受容をするのです。これを、僕は〝メリハリ〟のある大人の姿勢と呼んでいます。

ここでの注意点ですが、このとき子どもに受容が不足していると、〝NO〟を言ったときに子どもはそれを自分への否定ととらえてしまい、納得することができません。その場合、子どもの姿は余計に大変なものとなってしまいます。

すると大人は、叱ったり怒ったりして威圧して押さえるか、さまざまな〝ごまかし〟といったウソを重ねなければなりませんので、子どもの姿は安定するところに行きつきません。先に、「受容」があることが必要なのです。

もし、「私は人に強く言ったりすることが苦手だな。子どもにもきっぱりした態度がなかなかとれない」という方がいたら、本書の「その1」で述べた「先回りした関わり」などをして、しっかりと受容をすることからスタートしてみてください。

そして、「私はこの子を心から大切に思っている。これまでしっかり向き合って受容もしてきた」と、そこに強く自信を持って毅然とした態度で子どもに向き合い、〝NO〟と言う必要がある場ではしっかりと〝NO〟と言いましょう。

しぶしぶ子どもの要求を受け入れても、子どもは心から満たされることはないのです。嫌なものはきっぱりと嫌といい、気持ちよく受け入れられるところでは、大人のほうから積極的に子どもを受け止めることが必要です。

そうやって子どもの心を安定させていくと、このような〝いいなり〟や〝ごまかし〟〝脅し〟〝モノで釣る〟ようになってしまったケースの子育ての難しさは解消することができます。

〝やってあげる〟は必ずしも親切ではない

子どもが大切なあまり、過保護になってしまう人は多いようです。

現代は、子どもに関わる人がおもに母親だけで、その子の養育に関わる大人が他に少なく、母親と子どもが一対一で長時間向き合うといった、「母子の密室状態」での子育ての傾向が強くなっています。ひとつの家庭における子どもの数も、少なくなってきています。子どものいる家庭のうち、約半数は一人っ子家庭です。

そんななかで、子どもに目が行きすぎてしまう、一挙手一投足が気になり子どもから目が離せなくなってしまうといった状況が生まれています。言葉としては変ですが、それはまるで「過保護のしすぎ」といった状態です。

そこでは、ついつい子どもへの干渉が多くなってしまいます。

子どもがちょっとでもうまくできなければ、それを後ろから手を出して〝やってあげて〟しまう。それどころか、「これはどうせまだできないわよね」と決めつけて、最初から全部大人がやってしまう。

こんなことが日常的になってしまうと、子どもは最初から自分でやろうなどとは思わなくなってしまいます。これは行動面が幼くなるということです。さらには、「自分でやろう」という意志や、「自分でやりたい」という意欲、「自分ででぎた」といった達成感などの、精神面の成長も未発達のままとなります。

それは結局のところ、大人に対する依存となって、できないことを〝大人のせい〟〝だれかのせい〟にしてしまうようなことにもなりかねません。

本当は、子ども時代はたくさん失敗をしていい時期のはずです。子どもが自分でやってみて失敗したことは、成長の糧《かて》となります。しかし、大人がなんでもかんでも手を出したり口を出したりして、いくら成功体験や正解だけを与えても、それはプラスにはなりません。それどころか「依存」などをつくり出してしまえば、マイナスにすらなってしまいます。

子どものことが大切すぎて、失敗をさせないようにしていると、かえって子どもは育ちません。大人は子どもとの間に、近づきすぎず離れすぎず、ほどのよい距離感を保つことが大切なのだと思います。

〝おおらか〟に〝あたたかい〟視線で

大人のほうが、子どものことが〝心配すぎて目が離せない〟といった状態は、子どものほうにも不安を感じさせます。そのような視線で見ていると、子どもは不安なために親に守ってもらいたくなったり、自分から新しいこと、慣れないことに取り組むことに臆病《おくびょう》になってしまいます。つまり、ここでも「依存」を強めてしまうのです。

大人が、不安や心配の視線をずっとおくっていたり、「この子は、またなにかいけないことをやらかすのではないか」といった、監視するような気持ちで見ていたら、その大人の姿勢ゆえに子育ては難しいものとなってしまいます。

子どもは、親の気持ちにとても敏感です。お母さんとお父さんが談笑してくつろいでいる、お母さんがテレビを見て笑っている。そんなとき「ああ、ここは安心、安全なんだな」と子どももくつろいだ気持ちになって、いろんなものごとに取り組んで、経験を得ていく余裕が生まれます。

しかし、大人がそのようなおおらかでくつろいだ気持ちや雰囲気になっておらず、それどころかいつも不安や心配のまなざしで自分のことを見ているといった状態では、子どもは成長の糧になることに向き合うよりも、なんとかそこで安心感を得ようとすることにエネルギーを費《つい》やさなければならなくなります。すると例えば、ちょっとしたことに対しても不安になって、「だっこしてー」となってしまいます。

その結果、不安や心配が大きい人ほど、〝手のかかる子育て〟を導き出してしまうのです。しかし、そのような人はその気持ちゆえに、子どもにメリハリのある対応や、毅然とした態度をとることがなかなかできません。つまり、そういった人ほど、子育てを難しくしやすいにもかかわらず、子どもがネガティブな行動をしたり、依存を強くして親から離れられないといったときに収拾をつけることができないのです。こうなってしまうと、子育ての〝大変さ〟は、いや増すばかりです。

僕は、多くの方の子育てに触れたり相談を受けるなかで、最近はこの親の持つ不安や心配が子育ての難しさの根っこにあるケースが多くなっていることを感じています。

例えば、子どもが食事を座って食べてくれないといった日常の行動の悩みから、「うちの子はちゃんと育っていないのではないか」「私の子育てはうまくいっていないのではないか」と不安になってしまい、さらには周囲の子どもがたくさん習い事に行っているのを見て不安になり、「では」と子どもを習い事に行かせたら、少しも他の子と同じように行動できないのを見て、ますます不安が大きくなったり、そこで「この子は○○がまだできませんね」と言われたりして落ち込んでしまう……。

目の前の子育てが、すでに不安や心配で大変になっていて、さらにその不安や、自分の自信のなさが不安を拡大して、何年も先にあるような子どもの育ちとは関係のないようなことまで、いまから心配を始めてしまっている、〝不安が不安を生む〟ケース。

「うちの子、友達とうまく遊ぶことができないわ、このままでは幼稚園に入ったとき心配」などと、一年も二年も先にあるような課題を先取りして心配してしまうようなケース。

このように、不安や心配を子育ての原動力にしてしまっていることで、子育てそのものが大変になっている事例に、僕は数多く触れてきました。

そのなかには、いま悩まなくていいことに目が行くあまり、そのときにすべきことを先送りにして、余計に子育てを迷走させているといったものもあります。それこそ、子どもの成長は日進月歩なので、「いま悩まずとも、いずれそんな問題は解決してしまいますよ」と言えることだってたくさんあります。

極端な言い方をすれば、子育ては「子どもが健康」でさえあればどうにかなってしまうものです。〝不安や心配〟を子育ての一番前においてしまっている人は、「子どもが将来失敗しないためには、今日これを身につけさせなければ」などと考えずに、もっとおおらかになって、焦らず「今日一日、子どもとどんな楽しいことをして過ごそうか」と考えていくと、気持ちとしても実際の子育てとしても、もっと楽になっていくのではないかと思います。

〝正解探し〟の子育て

不安や心配が大きい人は、自分や自分のしていることになかなか自信が持てません。それゆえに外部に〝正解〟を求めるようになってしまいます。

「こういうやり方はいいのだろうか？」
「今日、子どもにこんな風に接してしまったけれども、それは間違っていなかっただろうか？」
「子どもがこうなったときは、どうするのが正しいやり方なのだろう？」

そのような疑問を、育児書をひもといて探してみたり、それでも答えが見つからずに、かえって悩んだり不安になってしまったり……。

こういう心持ちが極端になってしまうと、子育ては迷走してしまいます。日々のなかで生じる個々の子どもとの問題ではなく、大人自身が自信を持って子どもと向き合えない不安定さゆえに、子育てにさまざまな難しさをもたらしてしまうでしょう。

僕は思うのですが、たとえそのときの子どもへの関わり方に正解があったとして、その正解の対応をおっかなびっくり自信のないままするよりも、下手な対応でもいいから自信を持って堂々としてしまうほうが、子育て全体としてはいい結果を生むでしょう。

子どもには大きな柔軟性があります。ちょっとやそっと間違った対応をしたからといって、それで子育てが破綻《はたん》してしまうものではありません。そこに、ウソ偽りがなければ、多少間違ったとしても、子育てはできるものです。

例えば、よく相談を受けるものとしては、

「いつも子どもを怒りすぎてしまって、後悔している。自己嫌悪になる」

といったものがあります。

それが、子どもを虐《しいた》げてとか子どもを泣かせてやりたいといったよこしまなものでなく、子どもを大事に思っていて怒るべきだと判断しての対応ならば、多少感情的になってしまったとしても、それはそれでいいと思うのです。

そこでなまじ後悔したり、子どもに謝って混乱させたりするよりも、堂々と「私はそんなことをしたら怒るんだよ！」と自信を持って押し通してしまっていいと思います。

〝どうにかしてやろう〟の質問

しばしば、こんな質問を受けることがあります。その場面はいろいろですが、

「こんなとき、どうしたら子どもに○○をさせることができるようになりますか？」

「子どもが言うことを聞かないとき、どうすれば言うことを聞いてくれますか？」

そんな切り口の相談で、〝子どもを○○させるためのテクニック〟のようなことを聞かれるのです。僕はこういった質問を「子どもを〝どうにかしてやろう〟の質問」だと感じます。

この種の質問からは、大人の側のある立ち位置が見えてきます。それは、子どものことを「なにかをすることで、どうにかなってくれる〝対象物〟」ととらえ

ていることです。

実際に、世の中の子育て相談への答えには、「子どもがそんな○○なときは、こんなことをすれば気を引けて、△△がうまくできちゃいますよ」といったものも多くあります。確かに、そういった〝テクニック〟が有用なときがあるのも事実です。

しかし、それをたくさん取り入れた子育ては、ごまかしや子どもだましで、「大人が子どもを〝コントロール〟しようとする子育て」になってしまうことでしょう。それでうまくいけばいいのかもしれませんが、それでは子育てそのものが、どこかで行き詰まってしまう可能性があります。

例えば、買い物に行くといつも「あれ買ってー」とゴネる子がいたとします。そんなとき、「子どもは飽《あ》きるとゴネてしまうことがあるので、飽きさせないようにカートを押させたり、商品を持ってこさせたりするといいですよ」といったアドバイスも考えられます。それがうまくその子にあてはまって、そうしているうちに成長してゴネなくなり、他の場面でもゴネたりしないというのならば、それでいいのかもしれません。

でも、それは大人が子どものことを「どうにかできてしまう対象」「だましてしまえる対象」と、低く見ているともとれます。

僕は、子どもであってもひとりの人間であり、大人のほうもひとりの人間と考えているので、子どもが困ることをしていると感じるならば、「それは困る」「できないものは、できない」と堂々と伝えていいと思うのです。

ケースバイケースではありますが、「ごまかしやだまし、テクニックで〝思い通りにしてやろう〟」ということよりも、大人の思うことをはっきり伝えることがウソのない誠実な子育てであり、それを積み重ねていったほうが、結果としては子どもの安定した育ちにつながるのではないかと思います。それが基礎にあった上で、なんらかの〝テクニック〟が出てくる分にはまだいいのですが、最初から「どうにかしてやろう」では、子育ては難しくなってしまうと思います。

テクニックの裏で見過ごされていること

しかし、こういった「どうにかしてやろう」という子どもへの見方は、むしろこれまでの日本の子育てでは一般的なものではなかったでしょうか。

「その1」でも述べましたが、日本の子育ての主眼は、大人が子どもの上に立って、子どもをあるべき〝正しい〟姿にすることにありました。大人が上から関わるので、怒るや叱る、場合によっては叩くことによって、子どもを大人の「思い通りにしてやろう」の子育てになっていました。

僕が「叱らなくていい子育て」で否定している〝叱る〟は、この「子どもを思い通りにするため」に多発する〝叱る〟です。〝言うことを聞かせる〟ことが目的になってしまうと、「〝叱る〟ありきの子育て」になってしまうからです。

いまの人たちは、怒ったり、叱ったり、叩いたりを好ましいこととは思わなくなっていますから、代わりにごまかしや誘導のテクニックを求めてしまいます。

しかし、そのために大事なことが見過ごされています。それは、子どもも〝ひとりの人間〟、親の従属物ではなく〝一個の人格〟であることです。

ごまかしや子どもだまし、脅しや釣り、力で押さえつけて子どもの気持ちを大人の思い通りにしてしまうこと、冷たくあしらい疎外感を刺激することで言うことを聞かせることなどは、いくらそれで大人の思い通りに子どもを動かせたとしても、それは子どもの本心からではないので、そこでできたと見えることはその子の本当の育ちにはなりません。

子どもは大人のウソやごまかしを指摘しませんが、「なんかおかしいな」と、ちゃんと気づいています。そのときに気づかなかったとしても、年齢があがれば必ずわかってしまいます。それは最終的に、その大人への「信頼感」を下げてしまいます。

大人の言葉は、「信頼関係」というフィルターを通して子どもに伝わります。その人との「信頼関係」が薄ければ、子どもはその人の言葉をきちんと受け止めず、それを行動に移すこともありません。ですから、子どもを「どうにかすれば動かしてしまえる〝対象物〟」と考えずに、ウソのない子育てをしたほうが無理がなくなるのです。

「尊重しています」が「いいなり」に

これまでの話は、つまるところ「子どもをひとりの人間として尊重しましょう」ということです。

さて、この「子どもを尊重する」という言葉はよく耳にしますが、なんか引っかかるなという場面で聞くことがあります。

それは、子どもが危険なことやすべきでないことをしているのに、親が「私は子どもを尊重しています」とそのままやらせているケースです。

これは「尊重」になっているでしょうか？

その親自身も、その子どもの行為を「いいこと」と思って、こころよくやらせているわけではありません。つまり、子どものその行為を「我慢」しているわけです。その人はそれを「尊重」と言っているのですが、「尊重」とは一方通行では成り立たないものです。親も子どもも互いに信頼し、尊重し合って初めてそれは成立します。

親は子どもを尊重しているけれども、子どもはその親や周りの人などお構いなしにやりたい放題をしているのであれば、それは単に「いいなり」や「わがままの放任」でしかありません。

僕が実際に知っているこれらのケースでは、もともとその子育てに受容が足りていません。そのため、親子間に信頼関係がしっかりと形成されずに、子どもの幼い頃はごまかしや威圧でコントロールしてきたものの、年齢があがるにつれそれが通用しなくなっています。

それで、子どもへのアプローチにあきらめを感じてしまっている人が、放任のためのいいわけとして、「子どもを尊重しています」を使っている場合が多いのです。またそのなかには、信頼関係の不足が原因で、小学校に入ってからもさまざまな問題で悩む人が少なくありませんでした。

親子間に必要なのは、いかにうまく「コントロール」や「支配」をできるかではなく、お互いを尊重し合える「信頼関係」なのです。そして子育ての基礎に「受容」がなければ、「信頼関係」はなかなかつちかわれていかないのです。

イニシアチブは大人でいい

「子どもを尊重する」という名目で、子どもにいろいろな選択肢を与える人がいます。それ自体は悪いことでもないと思います。しかし、大人が「Aの選択肢を選んでほしい。Bを選ばれるのは困るな」ということまで、選択させる必要はありません。

それで子どもがBを選んだときに、大人が前言をひるがえしたり、イヤイヤ許容するのは不誠実な態度です。それは本当の尊重ではありません。親はひとりの人間としては子どもと対等ですが、子どもの導き手や保護者、責任者であることに変わりはありません。

その選択が許容しがたいものならば、最初から選択肢を与える必要はありません。きっぱりと、「いまはこうです」とAの行動を示していいのです。例えばそれが、「疲れているからいまは困るな」といった、大人個人の理由だってよいのです。

子どもが大事で子育てにまじめな人ほど、こういったところで頑張って無理を重ねて少しずつストレスを溜めていき、育児に疲れきってしまいます。また、そのような無理をしたり、イヤイヤ望みをかなえてあげたりしたところで、子どもはその親の気持ちの奥底にあるものを感じ取りますので、それで十分に満たされることはありません。

無理をして「いい子育て」を目指すよりも、無理なく自分のできることを取り組んだほうが、結果的にいい子育てとなることでしょう。

子どもにウソをつかせない

先ほどの話とは違いますが、「選択肢」つながりでこんなことがあります。それは、保育園で昔はほとんどなかったのに、近年増えているケースです。

子どもの具合が悪いとき、でも仕事は休めない、もしくは休みづらいといった場合、

「(体調がよくないのだけど)この子が、保育園に行きたいと言ったので連れてきました」

そう言って、保育園に預けていくケースです。そんなことが一、二歳の子ども相手にも起こっています。

子どもは親のことが大好きなので、親がそう言ってほしいのだと感じれば、本心は違っても空気を読んで大人の望んでいる言葉を口にします。でもこれをされると、子どもはとても傷つくのです。

そもそも、生まれてまだ数年しかたっていない保育園の子どもたちは、そこの保育がどんなによくて、その子が保育園を大好きだとしても、「保育園に行きたいか、それとも家で家族と一緒に過ごしたいか?」と聞かれたら、健康なときですら基本的には家族と一緒にいたいと考えます。

ましてや具合の悪いときに、本心から保育園に行きたいなどという子は、そう

そういるものではありません。それは、その後の子どもの様子を見ていてもわかることです。体調が悪いのに「保育園にどうしても行きたい」と言った二歳の子が、母親を見送った後もずっと「ママ、ママー」とさめざめと泣いているわけです、普段はそんなことがないにもかかわらず。つまり、親が望むので親のために〝頑張って〟「保育園に行きたい」と言ってあげたわけです。

ではなぜ、親はそのように子どもに言わせるのでしょう？

保育園に預ける口実にするためでもありますが、他にもうひとつ理由がありま す。それは、子どもに「行きたい」と言わせることで、自分が子どもを置いていくことに対するうしろめたさを楽にできるからです。「子どもが行きたいと言ったから、自分は預けていくのだ」と。そうすることで、預けることを子どもの〝せい〟にできます。

それによって、親は少し気持ちが楽になるかもしれません。でも、親が気持ちを楽にした分、より辛くなる人がひとりいます。それは誰あろう、その子どもです。

一歳、二歳の子が、自分の気持ちを押し殺して、親のために自分にウソをついて我慢をするのです。それをさせることは、本当にその子を傷つけます。子どもの親を慕《した》う気持ちを逆手《さかて》に取って利用することに他なりません。こういったことを積み重ねてしまうと、子どもの心をねじれさせてしまう場合があります。

「あなたの具合が心配だけど、どうしてもお仕事に行かなければならない。急いでお迎えにくるから、それまでなんとか頑張って過ごしてね」と子どもに〝ウソのない〟伝え方をしたほうが、よほど誠実だと思います。

そのように伝えたら、子どもは「いやだよ、ママと一緒がいいよ」と泣くかもしれません。でも、子どもは親のことが大好きなので、そうは言いながらも本心ではわかってくれています。心のなかにある思いを圧殺して自分を偽ることをさせるよりも、そうやって思ったことを泣いてでも出せるほうが、よほど健全なのです。どうか、大人の問題を子どものせいにはしないでほしいと思います。

「支配」と「管理」の弊害

子どもに〝正しい〟姿を求めてきたこれまでの日本の子育ては、必然的に大人にたくさんの「干渉」を要求してきました。それはあっという間に「過干渉」となってしまいます。

それだけならまだしも、「子どもに〝言うことを聞かせる〟こと」が目的になってしまいやすいので、そこからさらに、子どもの「管理」や「支配」に発展しやすいという特徴があります。

過干渉が激しくなる頃から、子どもの難しい姿が増えてきます。〝言うことを聞かせる〟と、どこかでその反動が出てしまうものです。よく「子どもには〝発散〟が必要」と言われます。確かに必要なのですが、もしかすると日本のそういった抑圧の多い子育てが、〝発散〟をことさら必要にしていたのかもしれないと感じることがあります。

子育てで、「管理」「支配」が大きくなってくると、子どもへの影響は深刻なものとなる場合があります。最近多いものでは、過度な「しつけ」行為や教育熱心さなどです。それらは、親のほうに〝正しいことをしている〟という意識が強いため、行きすぎになっても気がつかないことがあります。

いくつかの幼児向けの早期教育の教室では、授業が始まり親の姿が見えなくなると、とたんに子どもたちが言うことを聞かなくなり、授業が終わり親が迎えに来るとまた〝いい子〟になってしまうケースが、近頃では多くなったと言われています。

これは、親に「管理」や「支配」を受けて、子どもが親の望む型にはめられてしまっているケースです。押さえつけられている間は〝いい子〟でいたとしても、その重石《おもし》がなくなってしまえば、子どもは地が出てしまいます。どちらが本当のその子なのかと言えば、重石のないときなのです。

ある程度の年齢になれば、部分的に「管理」や「支配」を受けても大丈夫にはなります。例えば、「学校に怖い先生がいる、宿題を忘れないようにやっていかないと」とか、「部活で遅刻したりするととても厳しく叱られる、叱られないように頑張ろう」などです。

家庭でもある程度は厳しさを持って子どもに向き合うべきですが、「管理」や「支配」ばかりで埋め尽くせば、けっして子どもは安定した育ち方はできません。家庭は、特に小さな子にとっては唯一の居場所だからです。安心してくつろげる居場所が、人にはどうしても必要です。その家庭で管理や支配が多くなってしまえば、子どもは逃げ場がなくなり、親から見えないところで悪さをしたりするようになってしまいます。

そんな親子関係ゆえに、他者と関わる際のコミュニケーション手段が、意地悪や自分より幼い子や弱い子を支配することになっている子が増えてきてしまっています。これは親が「支配」と「管理」の弊害を知ってさえいれば、避けられることだと思います。

「負い目」や「かわいそう」からスタートしていませんか？

いまの人たちが、子どもに過保護となってしまう原因のひとつに、「負い目」や「かわいそう」という気持ちを前提として、子どもに関わってしまうことがあげられます。

例えば、「普段保育園に預けていて〝かわいそうだから〟」と、子どものわがままや、理不尽な要求などを大目に見て許してしまいます。または、そういった負い目から、モノを与えることや、お金をかけたレジャーをすることで補おうとする人もいます。

子どもが小さいうちは要求も小さいのでなんとかなりますが、年齢が大きくなるにつれて、要求の出し方や求めるものも大きくなっていきます。しかし、小さいうちに身についたわがままな要求の出し方や、大人を〝いいなり〟にさせる態度などはそのままです。つまり、小さい頃、子どもを〝かわいそう〟と許容していた大人の姿勢が、あとあと子育ての大変さを生むことになってしまうのです。

こういった「負い目」や「かわいそう」といった気持ちによって、子育てを難しくしてしまっている人が増えています。こんなとき、僕は「必要なことをしているのだったら、堂々としていましょう」とお伝えしています。

保育園に子どもを預けるのは、生活のために必要があって預けているわけですね。それを負い目に感じることはまったくないと思います。下の子の世話で上の子の相手を十分にできないこと、自分の体調が悪くて子どもの世話が行き届かないことなども同様です。大人のネガティブな気持ちから出発した関わり方は、結局ネガティブな結果となってしまうことが多いのです。

ことあるごとに、子どもに「ごめんね」と感じてしまう人、言っている人も増えています。これもネガティブな気持ちから発される、ネガティブな関わり方です。

「ごめんね」を言われた子は、「ああ、やっぱり自分は謝られるようなひどい扱いを日々受けているのか……」と感じてしまいかねません。それでは、子どもの心は安心していられませんよね。

もし、お父さんお母さんがそのように思っているのならば、今度からはいろんな場面で「ありがとう」を使ってみてください。そして自分の思いを、モノを与えることやわがままを許容することではなく、〝ポジティブな言葉〟として伝えましょう。

「いつも保育園で頑張ってくれてありがとう！　おかげでママもお仕事いっぱい頑張ってこられるよ」

「赤ちゃんのお世話をしている間、待っていてくれてありがとう。あなたのことも大好きよ」

子どもは、「ごめんね」をいくら言われたとしても、普段の頑張りが報《むく》われる気持ちにはなかなかなりません。しかし、「ありがとう」というのは、自分の行動への親からの「肯定」の言葉なのです。その言葉のほうが、子どもは自分が理解されていると実感しますし、さらなるモチベーションとなるでしょう。

「ごめんね」の問題

「ごめんね」には、もうひとつ問題があります。

「ごめんね」を子どもにたくさん言っていると、その言葉は子どもを折り返し地点にして、「私は親としてダメなのだ」という意味になって自分に返ってきてしまいます。子どもに「ごめんね」を言うたびに〝自己否定〟をすることになってしまうのです。それは、親としての自信やモチベーションを削《そ》いでいきます。

また、もともと子育てに自信のない人ほど、子どもに負い目を持ち、「かわいそう」「ごめんね」と感じている人が多いようです。そうなると、子育てはどんどん辛くなってしまいますよね。

「ありがとう。あなたのこと大好きよ」と言ってあげられれば、子どもは、「うん、ぼくもママ（パパ）のこと大好きだよ」と思えるし、声に出して言えるのです。

言葉で伝えるのが苦手な人は多いですが、〝ポジティブな言葉を使うこと〟、これを忘れないでいてください。

「完璧な子育て」などする必要はありません。親の最大の理解者になってくれるのは、その子どもなのです。たとえ親や家庭に問題があったとしても、それを否定する子はいません。子どもは本来、親の味方であろうとしてくれるのです。

「私は、あなたがいてくれてうれしい」「あなたのことが大好きだよ」と、ポジティブな言葉で、親子の関係性をあたたかく安心できるものにしていければ、子どもはどんな環境でもしっかり育っていくことができます。

子どもが将来、親子間の何かを否定するとしたら、それは親や家庭の問題そのものではなく、親子のあたたかい関係性が築かれなかったという事実なのです。

子どもの「泣き」は悪いものではない

子どもが泣くと、自分が〝責められている〟〝なにかいたらないことがある〟と感じてしまう人が増えているようです。そこまでいかずとも、子どもに泣かれるとオロオロしてしまったり、どうしたらいいかわからなくなってしまう人は多いようです。保育士は、子どもが泣いたとしてもそうなることがありません。「泣くこと」が悪いことではないと知っているからです。

子どもは、感情のコントロールが未熟だったり、思いを言葉にして伝えることがうまくできません。また、能力面でも精神面でも、自分では乗り越えられないことがたくさんあるので、泣くことで「手助けが必要だよー」と大人に求めてきます。

保育士はそれを受けて、その子はなにを伝えたいのか、なにを感じているのかを汲《く》み取ろうと考えます。発達段階によっては、「泣かないで、どうしたいのか言ってごらん」と、その感情や伝えたいことを自分で整理するように仕向けたりもします。「手助けが必要」と伝えている場面でも、手を貸してあげることもあれば、「その子が自分で乗り越えられる」と思えば、手を貸さずに見守ることで、自分で乗り越える経験をさせることもあります。

子どもが泣くことを「悪いこと」ととらえなくていいんです。威張《いば》っているようなおじさんも、「子どもを泣かせて……」と冷たい視線をおくってくるようなおばさんも、子どものときはみんなたくさん泣いていたのです。

「パパのほうが細かくて……」

最近は、男性でも子育てに積極的に参加する人が増えてきました。かつての男性は育児にあまり慣れていなかったせいもあるのか、どちらかというと泰然《たいぜん》としてあまり子どもの行為に干渉せず、子どもが多少やんちゃなことをしてもおおらかに見守っているといった人も多かったようです。しかし最近は、どうもそうではなくなってきているようです。

「私よりも、パパのほうが細かいことにまでうるさくて、過保護、過干渉で困っています」

なんて話を、お母さんから多く聞くようになりました。

もしかすると、いまの父親世代が過保護、過干渉を強くされて育ってきたことが、そういった対応に影響しているのかもしれないと、僕はなんとなく感じています。男の子のほうが期待をかけて育てられがちですし、女の子よりも母親の影響を受けやすいので、そういった過保護、過干渉を受けやすかったのかもしれません。そんなわけで、男性にも過保護や過干渉は気をつけてほしいと思います。

子どもへの関わりで、「小言」が多くなってしまう場合があります。「小言」自体、あまりプラスにならないものですが、本当にマイナスにしかならないのが、「ダブル小言」です。

誰かが小言を言っていると、そばにいる大人もついそれに乗っかりたくなってしまいます。お母さんが小言を言っていると、おばあちゃんやお父さんも一緒になって同じことを繰り返したり。これをしてしまうと、子どもは「否定されている」ことばかりに意識が向き、大人が理解してほしいことはほとんど頭に入りません。

「小言」って、伝えたいことに、大人の不満やイライラがミックスされた状態です。子育てのなかで、不満やイライラを出してはいけないということではありませんが、「小言」で子どもに関わっていると、その「小言」自体がさらにイライラを生んでしまうことがあります。

そしてイライラが溜まってくると、子どもへのアプローチはますます「小言」ばかりになってしまいます。では、どうすれば「小言」にならずにアプローチしていけるのでしょうか。

まず、よくないことや行動に対しては、「否定」で伝えるのではなく、「こうしてほしい」という部分をはっきりと伝えます。そして、干渉してやらせるのではなく、子どもが行動に移すまで見守って「待つ」（もしくは一緒にすることでサポートする）のです。それで、子どもが自分でなにがしかの結果を出したならば、それを「認める」ことでフィードバックをしていきます。そうすると、ダメ出しをすることで行動をうながすよりも、子どものモチベーションそのものを高めるアプローチになります。

例えば、「うるさい、シーっ」と〝すべきでないことへのダメ出し〟を何度も繰り返すよりも、「ここでは座って小さな声でお話ししてください。騒がれると周りの人に迷惑です」と〝どうしてほしいか〟〝とるべき行動〟の部分を伝えます。それが少しでもできたなら、「ちゃんとわかったね」「静かにできてよかったわ」と認めることで、プラスの方向へのフィードバックを積み重ねられます。「ダメ出し」をするのは、子どもにとるべき行動を伝えて待ってみて、それでもできないときからでも遅くはないのです。

背景にある大人の気持ちを見つめ直す

この章では、まず、子どもの困った行動を引き起こす背景に、子どもに対する見方、とらえ方、さらには不安や自信のなさなど、大人の姿勢が関連していることをお話ししました。

そして、目に見える子どもの問題だけを考えるのではなく、背景にある大人の気持ちを見つめ直すことで、子育てをよりよくしていけることを、いくつかの例をあげながらお伝えしてきました。

僕は、多くの子育てに触れたり、悩んでいる方に接するなかで、さらにこれらの大人の気持ちの奥にもうひとつ大きな問題があることを感じています。次の「その７」では、そこを考えることで、より無理のない子育てができるようお伝えしていきたいと思います。

その7 子育てを通して親の自己肯定感を高める

だまされたと思ってやってみませんか？

子どもへの関わり方がうまくいかない、子育てに自信がないといった悩みに触れるなかで、しばしば直面するのが親自身の生育歴からの影響です。また、生育歴だけでなく、その大人自身がそれまでの人生で感じてきた〝生きづらさ〟といったものが色濃く影を落としていることもあります。

一口に生育歴からの影響と言っても、その内容はさまざまです。

強い過干渉や親からの支配を慢性的に受けてきたために、自分を肯定的に見ることが難しくなっていたり、他者からの視線がものすごく気になる人。

また、親に厳しく育てられてきた人がそれに苦しみ、我が子にはそうしまいと思いつつも、子どもの些細な行動にも怒りやイライラした気持ちがわいてしまい、感情が激して子どもに過剰に厳しくしてしまうのがやめられない人。

自分に自信が持てず、子育てや子どもの将来が不安でたまらなく、気持ちに余裕が持てない人。

厳しい支配や干渉を受けて育ったために、子どもにもそれを無自覚に繰り返してしまう人、などなどです。

いま、大人に関しても「自己肯定感の低下」が問題とされていますが、子育てにおいてもこの自己肯定感は大きく関係しています。自己肯定感が低い人は、「これではいけないのではないか？」といった不安や心配が大きくなりやすいのです。子育てという未知のことに直面して、それがさらに大きくなりがちです。

また、自己肯定感の低さから、他者の目を過剰に気にしてしまうこともあります。「私はしつけのできないダメな親と見られているのではないか」「落ち着きのない子の親である私のことを、周りの人はどう思っているのだろう……」

さらには、子育てでちょっとでもうまくいかないことがあれば、それが「自分のせい」であると、まさに「自己否定」に向かわせてしまいます。「子どものネガティブな姿が出ているのは、私が愛情不足だからではないか」「私が受容をできていないから、この子は困った姿が多いのではないか」「私は親失格なのではないか」「子どもはこんな私よりも他の人のもとに生まれたほうが幸せだったのではないか」……。

子育てで誰しもが通る大変さ、難しさや、子どもの個性ゆえの姿なども、「私が悪いのでは」と、自己否定的にとらえてしまいます。

そうした自己否定がどんどん積もり積もって、思考自体がネガティブになってしまう人もいます。ときどき、次のような〝後ろ向き〟な質問を受けることがあります。

「○○にならないようにするには、どう育てたらいいでしょう?」

ふつう、人は「優しい子にするにはどうすればいい?」のように考えます。これは前向きでポジティブな思考です。でも、子どもや自分を肯定できない人は、「意地悪な子に〝ならないよう〟にするには?」というように、裏側から考えてしまいます。

こういった「○○にならないようにするには……」と心配になっている人は、すでに日々の現状が肯定的に見られなくなっており、将来への不安をつのらせがちです。親がこういう思考になっていると、いくら適切な方法を伝えたところで、子育ては思い通りにはなっていかないことでしょう。

毎日の生活のなかで、子どものことも自分のことも肯定できないと、子育ては難しくなるばかりです。

「子どものことを肯定的に見られるか、否定的に見てしまうか？」ということは、子育てのさまざまなところで影響していきます。例えば、子どものことを肯定的に見られないと、大人の顔には笑顔が少なくなります。「楽しい」や「うれしい」「おいしい」などの心地よい心の動きも、感情として外に出にくくなります。

「笑わない」「無表情」「感情が動かない」「感情が動くのはイライラや怒りといったネガティブなときだけ」「子どもと共感することができない」……。

子どものもっとも身近な大人がそのようになると、子どもは安心感や満足感を得られなくなってしまいます。それは子どものネガティブな姿の原因となり、子育てを難しくすることになるでしょう。

このようなことは、子どもへの実際の関わり方以前の問題です。しかし、多くの人は「自分の〝関わり方〟に原因がある」、もしくは「子どものもともとの気質、性格に原因がある」と考えてしまうので、関わり方に悩んだあげく迷走してしまったり、子どもの行動にダメ出しを重ねるばかりで余計に子どもの姿を難しくして、あげくには子育てそのものを投げ出したくなってしまいます。

こういうケースでは、一度立ち止まって自分自身を振り返ってみることが必要かもしれません。

子育てでこのようなケースが増えてしまっているのはなぜなのか考えてみると、その大人自身が過干渉や、強い管理や支配を受けて育ってしまっていることが大いに影響しているようです。

子育てに自信が持てなかったり、自己肯定感の低さが子育てに影響している人、子どもに対して怒りやイライラが抑えられない人の話を聞いていると、自分自身が親から厳しい育てられ方をしていたり、否定されることの多い生育歴をおくってきたと吐露《とろ》される方がとても多いのです。

そういったわだかまりを、子どもを産んで子育てがスタートするまでに、なんらかの〝生きづらさ〟として感じてきていた人もいれば、〝子育てという退《の》っ引《ぴ》きならない場面に直面して初めて顔を出してきたという人もいます。

子どもに対するイライラが抑えきれないほどでなくとも、自分がそれまで親の期待に応えることで生きてきた人が、子育てする側になって同じようなことを繰り返し、子育てを難しくしてしまうケースもあります。

〝勉強ができること〟〝いい子、いいお兄さん、お姉さんでいること〟を期待されて育ってきた人が親になって、無意識のうちに同じことを子どもに要求してしまうのです。

例えば、こんなケースが多くなっています。

保育園では保育参観があります。そこにくる保護者の方で、自分の子よりも周りの子どもばかり気になってしまう人がいます。

なぜ周りの子が気になるのかというと、周りの子と我が子を引き比べることで、我が子の成長が〝及第点〟を取っているのか、そうでないのかをとても気にしているのです。

それでも、「できている部分を見て安心したい」といったものならばさほど問題ではないのですが、そういう傾向の人たちは比べた結果の〝できない部分〟を強く意識して、それを〝できるようにしなければ〟と、その子の「現状の否定」に行き着いてしまうのです。

これが、大きい子ではなく、〇歳クラスのようなごく小さい子どもの保護者にすら多くなっています。それは特に高学歴、高収入といった人たちにこの傾向は強いようです。

そういう傾向の人たちは、その後の子育てを子どもの〝できない部分〟に着目して、〝できるように〟と「目の前の子どもの現状を否定し向上させること」を動機として子育てし続けることになります。これは子どもに「際限のない〝頑張り〟」を要求していく子育てになりかねません。それで、どこかで難しさが出てくる子も少なくないのです。

こういったケースも、親の生育歴からくる子育ての難しさとして、現在多くなっています。

「過干渉」をされて育ってきた人にとっては、「過干渉」は〝当たり前〟になります。それと同じように、「支配」をされてきた人にとっては「支配」が、「体罰」を受けてきた人にとっては「体罰」が、「親の思い通りにされること」で育ってきた人にとっては「我が子を思い通りにすること」が、当たり前のこととなってしまうのです。子育てはそのようにして、連鎖してしまいます。

それでも、どこかでバランスが取れて、なにごともなく育っていける子もいますが、親が子育てされた時代と我が子を育てている現在には、数十年の開きがあって、同じことが同じようにうまくいくとは限らないのです。

現在は、子どもに獲得させねばならないことも増えていたり、子どもの育つ環境にさまざまな余裕がなくなってきており、親世代がされてきたことを無自覚に繰り返してしまうことで、子どもに問題が出てしまうケースは増えていると感じます。

まずは、無自覚にならないように〝気づくこと〟が大切だろうと思います。

多くの方から、「自分がされてきた子育てを繰り返したくないと思っているのに、同じことをしてしまって苦しんでいます。どうしたらいいでしょう?」という質問を受けます。

そんなとき僕は、「あなたはそれに気がついているのだから、それでもう問題の半分は解決しているんですよ」とお伝えしています。

子どもに悪影響のある関わり方を無自覚にしていると、年月とともに子育てがにっちもさっちもいかないところまでいってしまうことがあります。

しかし、たとえ同じ関わり方をしていたとしても、自覚がある場合はどこかでブレーキがかかります。ですから、もしかするとそれ自体はよくない関わり方かもしれませんが、子育て全体としてはなんとかやっていけるのです。

そうやって、その問いを発する人自身の目線を前に向けないと、よくなるものもよくなりません。なぜなら、その人たちの多くが、そのままでは「自己否定」に行き着いてしまうからです。

その人たちの悩みの対象は、「子どもへの関わり方を具体的にどうするか？」ではなく、「こんな私じゃダメだ……」となってしまいます。

これでは悩みが深くなるばかりで、子育てにちっともプラスになりません。それどころか、そういったネガティブな考え方をしていては子どもが安心できず、より難しい姿を引き起こす要因ともなりかねません。

ダメだと思うところがあるならば、それを少しでもいい方向に動かしていけばいいのです。でも、その人たちはその方法がわかりません。それゆえに、子育ての方向や出口が見えず、〝お手上げ〟となります。

そして、その〝お手上げ〟感が、その人たちを自己否定で悩み続けるところに閉じ込めてしまいます。自己否定になってしまっている人が本当に欲しい答えは、「どこから、この難しくなってしまった子育てを動かしていけるのか？」なのだと僕は実感しています。ですので、自己否定の状態から引き上げて、「だまされたと思ってでいいから、これこれこうしてみましょう。それでもうまくいかなかったら、またそのことを一緒に考えてみましょう。そのほうが自分を責め続けるよりもずっといいですよ」

と、そのようにアプローチしています。

「愛情」に悩むのは「愛情」のある証拠

僕は、カウンセラーでもお医者さんでもないので、大人の自己肯定感を直接どうにかするということはできません。でも、子育てのなかで直面する自己肯定感の欠如や自己否定感に対しては、何かしらのヒントや、方向性を示せると感じています。それは僕自身が、保育士の経験や我が子の子育てのなかで悩みながらも、自己肯定される瞬間を実際にたくさん感じてきたからでもあります。

まず、いくつかはっきりと伝えたいことがあります。

「愛情」という言葉に振り回されて悩んでいる人。

子育てが本当に行き詰まると「私には愛情がないのかしら」といった、自分を責める問いが頭をよぎります。でも、子どもへの真剣な思いがなければ、そもそものような悩みが出てくることはないのです。つまり、「愛情がないのかしら」と悩むのは、「愛情」があることの明確な証《あかし》なのです。

たまたまいまは、子育てのやり方がわからなくなって混乱しているだけです。あなたはちゃんと子育てしていけます。大丈夫です。自分を責めないで。そんなときは、ちょっとコーヒータイムです。なにかおいしいものでも食べて、自分のいいところも思い出してあげてください。

そうしたら、

「自分にはいろんな欠点もあるけれども、それでもこれまで何十年と、この自分でやってこれた。そんな自分も嫌いじゃない」

そう思ってあげましょう。もちろん、「やっぱりそんな自分も大好き」でもいいです。

「愛情」という言葉を使って、あなたを責めてくる人がいたとすれば、その人はいろんなことがたまたまうまくいった人なのでしょう。もしくは、自分にも同じようなことがあったことを忘れてしまっている人です。

その人は親切で言ってくれているのかもしれませんが、いまは相手の立場を汲み取ることができなくなっています。いいと思うところだけ聞いて、嫌なことは聞き流してしまいましょう。それで大丈夫です、なんの問題もありません。

次に、「完璧な人」などいません。

「子どもにいつも感情的に激しく怒ってしまう」とか、「ついイライラして子どもを無視してしまった」といったことは、誰にでもあることです。子育てが完璧に見える人も、子育てがうまいことを自慢している人も、実はみんなそういう経験があるのです。

そういったことから毎日後悔して自分を責めても、それは苦しくなるばかりです。子どもはとても柔軟なので、ちょっとやそっと、それどころか結構いい加減な関わり方をしても、消化してちゃんと育っていけます。子育ては完璧でなくたっていいんです。下手だってかまいません。

よくない関わり方をしてしまったからといって、悩んで後悔して、あとで「ごめんね」と子どもに謝ったとしても、子どもは少しもうれしくはありません。後悔して「ごめんね」を言わなくてもいいから、その分前向きに「あなたのことが大好きよ」と伝えてあげましょう。そうやって気持ちを伝えることができていれば、子育てそのものはうまくなくても、ちゃんと子どもは育っていきます。

そして、「子どもは親の一番の味方」であることを忘れないでおきましょう。

「ママなんか嫌い」「パパあっち行け」といった子どもの言葉に振り回されて、自信喪失してしまったり、本気で頭にきて、自分のほうからも否定的な言葉を言ってしまうといった人がいます。

子どもは口でなんと言おうと、本心では親のことが大好きだからそのように言うのです。大好きだからこそ、自分を見てほしい、自分の気持ちを理解してほしいと思うのです。

また、なんと言おうとも、自分を見捨てることがないと絶対的な信頼を置いているからこそ、親に悪態がつけるのです。その言葉を真に受けて振り回され、否定の言葉で返したら、子どもの持つ絶対的な信頼は揺らぐことになりかねません。

子どもは、どんなことがあっても親の一番の味方です。子どものほうから、親を見限るということは決してありません。それを忘れないで、自信を持って向き合ってあげてください。

子育ての「正解」はどこにある？

子育てに自信が持てず、子どもへの関わり方がこれでいいのか不安になってしまうと、さまざまな情報に振り回されて迷走してしまうことがあります。子育てはわからないことも多いですから、知識を仕入れることは悪いことではありませんが、情報に振り回されて、目の前の子どもの姿が見えなくなってしまうのでは本末転倒です。

世の中にはたくさんの育児の情報がありますが、そのなかに「正解」があるわけではないのです。では正解がどこにあるかというと、最終的にそれは、自分のなかと目の前の子どもの姿にあります。

実際に目の前の子どもへのアプローチに悩んだとき、育児情報で得た知識と自分のしてきたことを引き比べて迷ってしまうのではなく、自分の心に聞いてみてください。

自分が「嫌だな」と思うことを頑張ってする必要はありません。また、子どもに「させたくないな」と思うことをしぶしぶさせる必要もありません。自分の心に正直な子育てをしたほうが、無理がありません。

また、そうやって一貫していたほうが、子どもにもブレのない伝え方ができます。「正解」とされている子育てを無理にするよりも、うまくなくてもいいから、**自分に正直**な**自信を持った**子育てをしたほうが、よりよい子育てになるでしょう。

そしてもうひとつの正解は「子どもの姿」にあると言いました。アプローチをしてみて、どうもはかばかしく感じられない、子どもの姿に響いていっているように思えないというのであれば、そこから試行錯誤してすりあわせをしていけばいいのです。子育ては決してマニュアル通りにいくものではありません。情報が示しているのは、ほんの一例や一般論にすぎないのです。その通りにならないからといって、悩む必要はありません。それで当然なのです。

そして、子育てのひとつひとつのことがうまくいかなかったとしても、子育てはそれでそのまま破綻するようなものではありません。長い目で焦らず、子どもの成長と、自分の子どもへの思いを信じていきましょう。

子育ての天秤

子育てには、ときに強い態度で子どもにのぞまなければならないこともあります。また、子どもへの関わり方に不安になって迷うこともあります。そんなときブレないために、迷わないための〝自信〟や〝強さ〟が必要になってきます。

しかし、いま子育てしている人は、この〝自信〟や〝強さ〟を持つことが難しいと感じる人が多くなってきています。

僕は、子育てに悩む人や苦しむ人に多く触れてきたなかで、そういった人たちの悩みをどうすれば乗り越えられるように持っていけるのか、ずっと考えてきました。

そして考えついたのが「子育ての天秤《てんびん》」です。天秤とは、両端にお皿のついた秤《はかり》ですね。

子どもに強い関わり方や、自信を持った姿勢、毅然とした態度でのぞまなければならないとき、天秤の片方のお皿には「強さ」や「厳しさ」がのります。

しかし、もう一方のお皿になにもなければ、それはガシャンとバランスが崩れてしまいます。反対のお皿にのるなにかが必要なわけですね。では、それはなんでしょう。僕は「受容にもとづく自信」をのせればいいのだと考えます。

「私はこれまで、この子をこれだけかわいがってきた。大切に思ってきた。それは間違いのないことだ」

そこに思いをはせることによって、子どもに向き合う自信を引き出すことができます。

「だからこそ、私がここで毅然とした態度をとっても、親子の信頼関係は少しも揺らぐことはない」

そう思えるようになれば、そのとき子どもに向き合うために必要な〝強さ〟や〝自信〟を持てるのではないでしょうか。

「子どもになめられるな」とか「大人の威厳が」といったことが、世間ではよく言われています。しかし、自信を持てていない人が、そういった借り物の価値観を持ってきて「頑張って子どもと対峙《たいじ》しなければ」「厳しくしなければならない」と思っても、子育てはしんどくなるばかりです。天秤の片方に、自分のしてきた実体のあるものがのっていなければ、心はなかなか通じません。

ですから、「自分はいつも子どものいいなりになってしまう」とか「無理して子どもに付き合うことばかりになっている」など、子育ての現状にわだかまりを感じている人は、「厳しくすること」を頑張ろうとするのではなく、まずしっかりと「受容」を先にするといいのです。それによって、子育てに対する自信のなさや不安を乗り越える原動力が、自分自身のものとして生まれるのではないかと思います。

子どものなかにいる小さな自分

前にも触れましたが、自分の生育歴に悩み、それによって子育てでも苦しんでいる人たちがいます。

「自分はそのように関わられるのが辛かった、それを我が子にしたくはないのに、いつの間にかその嫌だった関わり方を我が子にしてしまっている」

「我が子に向ける感情が、イライラや怒りに支配されてしまう」

「この子にはまだ無理なことだとわかっているのに、その〝正しいこと〟〝できること〟をついつい求めてしまう」

「気づくと、自分に向けられる他人の視線をいつも気にしていて、そこから来る自分を責める感情、子どもを責める感情が抑えられない」

「子どもとの関わり方や子どもの将来に悩み、いろんなことに焦ってイライラしたりして、過保護・過干渉をやめられない」


そういう人に試してもらいたいことがあります。

まず、自分の子ども時代を振り返ってみます。そのなかには、辛かったこと、我慢してきたこと、親からされて嫌だったこと、向けられて苦しかった感情……などなど、そういったものがあるかと思います。

実は、そのさまざまな思いをしてきた子どもの自分は、目の前の我が子のなかにもいるのです。

そう思って、その当時、本当は自分がしてもらいたかったことや、かけてほしかった言葉、向けてもらいたかった笑顔などを、我が子にすると同時に、子どものなかにいる小さな自分にもしてあげるのです。

無理をせず、自然にできる範囲でいいでしょう。これでなにかが変わるというものではありません。それで、思い出したくない過去を思い出してしまいそうという人はしなくてもいいことです。

しかし、人によっては、ちょっとだけこのことを気に留めることで、子育てを変えていくきっかけになるでしょう。それによって、子育てをいいものと思えるようになると同時に、もしかすると我が子の子育てを通して、自分の長年のモヤモヤやわだかまりを、あたたかいものに変えていくことができるかもしれません。

その8
子育てで目指せばいいたったひとつのこと

子どもをたっぷりとかわいがろう

僕は子育てをシンプルにしたいと思っています。

いま子どもを育てている多くの人は、子どもにあれもこれもと、たくさんの能力を身につけさせようとしています。

一口に言いましたが、それは親が子育ての仕方がわからないために、とりあえず世間でよいとされることを子どもにさせている場合もあれば、明確に高学歴や高収入を目標として、その実現に邁進《まいしん》している場合など中身はさまざまです。

でもその過程においては、子どもが何らかの問題を抱えざるを得なくなったり、親が子どものその難しい姿に直面して「子育てはなんと大変なんだろう」と悩みばかり深めたりしてしまうことも少なくありません。

いまの子育ては、たくさんのあれもこれもに目を奪われてしまって、本当に大切なことが忘れ去られてしまっていると僕は感じています。

その本当に大切なこととはなんでしょう。

それは理屈抜きに言ってしまうと、子どもをただただ無条件にかわいがることです。幼少期からたくさんかわいがられてきた子は「かわいい子」になります。「かわいい子」になると、多くの人からさらにたくさんかわいがってもらえます。また友達からも好意的にみられます。そしてますます「かわいい子」に育っていきます。その過程で子どもはたくさんのことを得られます。

「自信」「自己肯定感」「自尊感情」「モノを大切にする気持ち」「人に優しくする気持ち」「人と関わることの楽しさ」「ものごとに取り組もうとするモチベーション」「明るさ」「前向きさ」「豊かな感性」

これらは、かたちとしては目に映りませんが、子どもの心の一番基礎になるものです。これらが持てていれば、子どもの将来をいたずらに心配する必要はありません。

確かに、世の中のしくみがこれほど複雑になると、子どもにいろいろなことを身につけさせたいという大人の気持ちは十分わかります。でも、子育てで本当に大切なことはたったひとつ、「子どもをたっぷりかわいがること」だけなのです。

大人には、いろんなことに心配をつのらせたり、焦ったりする前に、せめて乳幼児期だけでも、無条件にたくさんかわいがって子どもを育ててもらいたいと強く思います。

子どもが小さいうちに目指すべきたったひとつのことは、「かわいい子どもにする」ことなのです。その他のことはその後についてくることです。

「かわいい子ども」と「できる子ども」

しかし、いま子育てをしている多くの人が「かわいい子」にすることよりも、「できる子」を目指して子育てしているようです。

「かわいい子」の対になっているのが「できる子」です。「かわいい子どもにする」というのは、「できる子を目指さなくたっていいんですよ」とも言えると僕は考えています。

子どもが育ちのなかで身につけていく「できること」は、「かわいい子」にしてあたたかく見守ってさえいれば、たいていのことがその子のペースではあるけれども、周囲の子どもを見たり、自分で経験したりしながら自然と身につけていくものです。

「できること」とは、例えば、「卒乳」や「おむつがはずれる」「食べ物の好き嫌いがなくなる」「人にあいさつができる」「大人の話が聞ける」「生活で必要なことをやろうとする」「友達とうまく遊べる」「モノを貸すことができる」などなど、大人が子どもにできるようになってほしいと望むたくさんのことです。将来的には、「勉強する」ことなどもそこに含まれてくるでしょう。

多くの人が、子育てを「子どもになにかを身につけさせる」＝「できることを増やす」と考えて子どもに関わっています。

「できる」を目指してしまうと、子どもに「正しいことをさせる」「間違ったことをさせない」と大人は考えてしまうので、どんどん過干渉になっていきます。

また、子どもが自分の力でそれをやれるまで、やろうとするまで、待ってあげることができなくなります。

それが大きく積み重ねられてしまうと、子育て全体が「子どもの管理・支配」になってしまうのです。それがさらに、「子どもを従わせなければ」という意識を大人に持たせてしまうし、子どもが反発したらそれを押さえつけなければと、叱ることや怒ることが増えていってしまいます。

そして、「できるべき」と大人が考えていることを、目の前の子どもができなければ、それだけでイライラした気持ちになります。これで毎日の子育てを続けていくのは、しんどく疲れるばかりです。

どうすれば「かわいい子」になるの？

では、かわいい子にするための、具体的な方法を紹介しましょう

●身体を使う

子どもは大人からスキンシップをしてもらうことで、安心できます。安心すると心が安定してきます。その安定が当たり前のことになれば、グズったりゴネたりと、大人が子育てのなかで大変さを感じる場面は最初から少なくなります。

そうすれば大人のほうも心に余裕が持てるので、よりあたたかく接することができ、好循環になります。

子どもは自分からも大人に相手をしてもらいに来たり、抱っこしてもらおうとしますが、どうせなら大人のほうから進んでしてあげると、より一層子どもに安心感を与えることができます。

どんなときでもしてあげていいのですが、する場面を習慣づけておくといいでしょう。

例えば、お昼寝や夜の寝る前に、毎日「おやすみ」と抱きしめてあげたり、「大好きだよ」とおでこにキスしてあげたり。ごはんを食べた後に、「おなかいっぱいだね」とおなかをなでてあげたり。保育園にお迎えに行ったら「会いたかったよ」と抱きしめてあげたり。

このようなことを習慣にしていると、子どもはその場面を「いいもの」と考えるようになります。すると、その場面へのモチベーションがとても高く維持されていきます。

「寝たくない」「眠くない」とゴネることもなくなったり、減ったりすることでしょう。苦手な食べ物があったとしても、食事に対する高いモチベーションがだんだんとその苦手を乗り越えられるようにしてくれます。

「食べなさい、食べなさい」と大人が「できること」を頑張らせなくても、子どもは自分の力で育っていけるのです。

とは言いましたが、「嫌いなものを克服できるように」と思ってしてはよくありません。そういう作為的な意図をもってする関わりは、あまりいいものにならないからです。

なんの意図もなく、ただかわいがるためにやってみてください。「できること」は、やらせるのではなく、あとから自然についてくるものなのです。

●言葉を使う

言葉は使っているようで使っていません。

日本人はかわいがることにとてもシャイです。我が子をかわいがるのはなにも遠慮することではないのですが、ついつい恥ずかしがってしまいます。

「あなたのこと大好きですよ」

「私の宝物だよ」

「笑っているとかわいいよ」

など、かわいがる言葉、気持ちを伝える言葉を恥ずかしがらずに言ってあげましょう。

これまで「言葉にせずとも親の思いは伝わる」というのが、多くの日本人のスタンスでしたが、言葉として口に出せばもっと伝わるのです。

現代は、親子で過ごす時間、ゆったりと関われる機会が昔よりも減っています。使えるものはなんだって使ったほうがいいですよね。

思いは、口に出したらかたちになります。

かたちになったものは疑う必要がありません。どんなお父さんお母さんも、せっかく子どものことを大事に思っているのですから、その思いをかたちにしてあげましょう。

そのかたちは、欲しがるモノを買ってあげることよりも、ずっと子どもにとってうれしいものとなりますよ。

感情を表すことが苦手だからと、モノを与えることで伝えようとしていたのは、かつての子育てのよくない習慣だと僕は思います。

●たっぷりする

かわいがることに「しすぎ」ということはありません。

「やりすぎたら甘やかしかしら?」などと考えずに、たくさんしてあげていいのです。たっぷりと大人から好意を向けてもらった子どもは、安心感を持って日々を過ごすことができます。

そういう子は現状に不満がないので、前に進むことにもモチベーションが高いのです。前に進むこととは、つまり成長することです。

反対に、親から向けてもらう好意を十分に自覚できない子は、満たされず、欠乏感が続きます。そのため、親に目を向けてもらうための行動をたくさん出してきます。その出し方は多くの場合、ゴネたりダダをこねたりなど、大人を困らせるネガティブな行動となってしまうのです。

この状態では、子どもは現在の不満を解消するために頑張らなければならないので、成長するほうへ力を向ける余裕がありません。特に、卒乳や排泄の自立など、心の安定や発達をベースとするものは難しくなってしまいます。

「自分に大人のあたたかい関心が向けられている」
「自分は親に大切にされている」
「毎日あたたかく見守られている」
「かわいがられている」

そういった受容的な実感を、幼少期の子どもは無意識に日々求めています。もちろん、大人のほうに心の余裕がなく、子どもの受容感を満たしきれない日もあるでしょうが、基本的にはその実感を継続して持たせてあげることが大切なのです。

「支配」も「管理」も必要ない

ここまで、「かわいい子」にするための三つのポイント、「身体を使う」「言葉を使う」「たっぷりする」をみてきました。さらにもう少し具体的な点についても考えていきたいと思います。

まずは大人の姿勢として「子どもの支配・管理を目指さない」ことが大切であると、僕は強く感じています。

それはどういうことかというと、例えば飲食店で子どもがはしゃいでいるときに、怖い顔をして「うるさい！」と怒鳴りつけて、子どもを静かにさせることはできます。これは「支配」の関わり方です。

一方で、子どもを怖がらせて支配してしまう代わりに、ゲーム機やスマホで動画を見せたりして、大人が望む「静かにさせる」という目的を達成してしまうこともできます。これは子どもの行動を望む状態にコントロールすることであって「管理」の関わり方だと言えます。

これらが一概に悪いというわけではありませんが、こうした支配や管理の関わりが子育てのすべてになってしまっては、本当の意味での子どもの「育ち」にはつながっていかないのです。

それはどうしてでしょう?

大人の力や怖さで子どもを思い通りにしたり、「ダメ」や「あぶない」といった制止の言葉で行動を制限したり、モノで釣ったりすることでコントロールしたり……。こうやって大人が望む「子どもの正しい姿」をいくらつくり出したところで、子ども自身の力として「育ち」が獲得されているとは言えないからです。

あるところに、こんな親子がいました。

四歳と二歳の男の子がいて、お母さんはことあるごとにその子たちへ、「あれをするな、これをするな」「こうしなさい、ああしなさい」と大声や怒鳴り声で行動を制止したり指示しています。

このお母さんは、言葉は乱暴かもしれませんが、子どもを大切に思っていないわけではありません。この人なりに一生懸命子育てをしていると言えます。

でもこの子どもたちが、母親の意図する通りに、とるべき行動やするべきでないことを身につけているかというと、それが少しもそうではありません。母親が見ている前でも、注意されるような行動をたくさんしますし、母親がいないところでは、なおさらたくさんしています。

これがなにを意味するかというと、結局のところ、いくらこういった支配的な関わり方をしたところで、子どもがその通りに育つわけではないということです。

子どもが「うるさい！」と言われて静かになったとしても、それはその一瞬だけのことですし、「○○しなさい」と言われてするのはそのときだけです。

これらは子どもに「言うことを聞かせた」にすぎず、子どもにそのものごとを「身につけさせた」わけではありません。

「支配」や「管理」で「言うことを聞かせる」ことを、多くの人は無意識に「子育て」と考えてしまっていますが、それはあまり人を成長させることにはなっていないのです。子どもを成長させるためには、「子ども自身を伸ばす」必要があります。

子ども自身を伸ばす

支配や管理で子どもの姿を大人の思い通りにするのではなく、「子ども自身を伸ばす」には、どのようにすればいいのでしょうか？

僕はこの「子ども自身を伸ばす」ということを伝えるときに、食事中のコップのことを例にとってお話ししています。

食事をしているとき、子どもはしばしば手やヒジでコップを倒してしまいます。大人はそうならないようにと、コップを子どもから少し離れた位置に置いたり、大人の手もとに置いたりしてしまいます。多くの人がそういう対応をしていたり、したことがあるのではないかと思います。

それが必ずしも間違っているわけではありませんが、これは「コップを倒さない」という結果を大人がつくり出しているだけで、子ども自身に「コップを倒さないように気をつける」といった成長を得させているわけではありません。それでは「子ども自身が伸びている」ことにはならないのです。

これは大人の対応ひとつを変えるだけで、「子ども自身を伸ばす」関わりにすることができます。

子どもの年齢や発達段階によっても対応が違ってきますが、僕は例えばこのように対応しています。

一～二歳未満くらいの子どもが、コップにヒジをぶつけそうで危なっかしかったら、

「そこにコップがあるとぶつけて倒してしまいそうだから、ここに置いておくね」と一言断ってコップを動かします。

もう少し年齢や発達段階があがって二〜三歳くらいの子どもに対してだったら、

「コップがそこだとぶつけて倒してしまいそうだから、ここに置くといいよ」

と適切な場所を指で示して、子ども自身に置き直させてみます。

さらに年齢・発達段階があがって、なおかつ先ほどのような自分で置き直させたりという経験を積んできた子に対してであれば、

「ヒジでコップを引っかけそうですよ」

とだけ声をかけて自分で考えさせてみます。

これらの経験がしっかりと蓄積されれば、最終的には大人にうながされたり、指摘されたりせずとも、自分で考えて子ども自身が気をつけて倒さないようにす

るという「育ち」を得ることができます。

大人が、問題や失敗が起こらないようにしてしまうことは簡単です。うっかり倒してやけどしてしまうような熱い飲み物であれば、そういうことも必要でしょう。しかし、子どもの「育ち」を考えたとき、子ども自身の力として獲得させる方向で関わる意識がないと、子どもの育ちはほとんど進歩せず、とどまったままともなりかねません。

では、この「子ども自身を伸ばす」という視点で、お店で騒がしくしている子どもを大人が「うるさい！」と制止してしまう場面をみてみましょう。

「ここはお店だから騒いでは困りますよ」
「周りを見てください。他のお客さんがいるのだから大きな声を出したら迷惑になります」
「ここは家のなかとは違いますよ。考えてください」

こういったアプローチによって、子どもに自分で考え、気づき、行動を律する力をつけて、伸ばしていく積み重ねをすることができます。ただちにそれが達成されるわけではないかもしれません。でも小さくとも積み重ねをしていくことで、だんだんと子ども自身の力として身につけていくことができるでしょう。

そのためには、最初に述べたように、子ども自身がたくさんかわいがられて満たされており、成長に前向きになっていることがどうしても必要なのです。

自分が十分かわいがられていない、大人にあたたかく見守られたり、受け止められたという実感を十分に持っていない子に対しては、いま述べたような子ども自身に考えさせて伸ばしていくアプローチはあまり響きません。

ですから、子育ての一番の基礎として、しっかりとかわいがることがとても重要なのです。

「褒めて育てる」は正しいのか？

かつて「子どもは褒めて育てましょう」という言葉が流行《はや》ったことがありました。確かに、これは間違いではないのですが、場合によっては落とし穴になってしまうことがあります。

「褒める」ことは、子どもの行いがよいものだったときに、大人から与えられるものです。それは子どもの「行動の肯定」ですね。

大人の褒め方次第では、子どもになにかを過剰なまでに頑張らせてしまうことになりかねません。いま、大人の期待に応えるために無理を重ねて、育ちが難しくなっている子が増えています。

子どもが健全に育っていくために欠かせないことは、「行動の肯定」ではありません。子どもに本当に必要なのは、「存在の肯定」なのです。

なにか立派なことをして、その結果「褒めてもらう」のは、「**行動の肯定**」であり、なおかつ「**条件付きの肯定**」です。

しかし子どもが親から、ただ「かわいいね」「大好きだよ」と言ってもらえるのは、「**存在の肯定**」であり、それは「**無条件の肯定**」なのです。

子どもは、幼少期からこの「無条件の存在の肯定」をたくさんしてもらえることで、安心して明るく前向きに成長していくことができます。

難しい言い方をしましたが、要するにこれまで述べてきたような、「子どもが小さいうちはできるようになることを頑張らせるのではなく、ただたくさんかわいがりましょう」ということです。

これによって、子どもは成長への活力、モチベーションをたくさん自身のなかに蓄えていきます。それがたっぷりとあれば、その後もまっすぐ、すくすくと育っていくことができます。

その上で出てくる、「○○ができない」「○○が苦手」「成長が平均よりもゆっくり」といったことは、「個性」の範囲のことです。あわてず騒がず、「そういう個性を持っているんだな」とあたたかく見守ってあげればいいことだと思います。

たっぷりかわいがられて、素直に自分を出したり、甘えたりすることができて、大人から見てかわいく感じられる子であると、子育てはなにより楽しいものとなります。そして、子どもと過ごすことや子育てを楽しめることは、必ずや、人生をよりいっそう幸せなものとしてくれることでしょう。

子どもも、そしてその子どもを親として育てることも、本当にどちらもこの上なく素晴らしいことだと僕は感じています。「子どもがいることによって自分の人生はより豊かになった」と確かに実感できる人が、もっともっと増えてくれればいいと心から願っています。

あとがきにかえて――幸せになるために必要な〝幸せ〟の記憶

僕は、多くの子どもと関わってきて、しばしば「幸せってなんだろう？」と自問してしまいます。なにをもって〝幸せ〟と感じるかは、人それぞれな部分もあるので、「こうだからこう」と答えの出せるものではないのでしょう。

それでも、なんとなくわかってきたことがひとつあります。

それは、人が大人になったとき「自分は幸せである」と幸福を感じられるには、まずは「自分は幸せだ」「自分は今日満足して過ごせた」といった実感や、そういった経験が必要になるということです。

いま子育てしている人たちは、子育てに大変熱心です。

昨今の早期教育ブームに代表されるように、「子どもによりよいものを与えておきたい」という親の願望は年々加速しているようです。なかには〇〜一歳の頃から、そういった目に見える成果を得させたいと、親が子どもに働きかけているケースもあります。

その子たちは、親の願望通りに勉強ができるようになって、いい学校に入り、いい仕事に就《つ》いていくかもしれません。しかし、目に見える部分がいくら思い通りになったとしても、人はそれで幸せになれるとは限りません。

僕は現実に、強烈に〝いい子〟〝できる子〟を望まれて過干渉されてきた子、早期から過剰な〝お勉強〟をさせられてきたために、その重圧やストレスからさまざまな問題を抱えたり、不適切な行動を表すようになってしまった子を少なからず見てきました。

その子たちは、本当に小さな子どものうちから、日々を「ああ、今日も楽しかった」と満足して終えられる経験をほとんどしてきていません。

「親に望まれている姿がある。なんとかそうなって親の期待に応え、認めてほしい、受け入れてほしい。そのために頑張るけれども、親からの反応はたいてい〝もっと頑張れ〟と返ってくる。明日はもっと頑張らなければ……」

その結果、子どもは自分が余裕を持ってできる範囲を超えて、ストレスを日々溜めながら過ごしています。

親からしてみると、自分が子どもにさせていることは「子どものため」という強い思いがあるので、そこで子どもが苦しんでいたり、反発を見せることを認められず、人によっては子どもへの要求の歯止めがかからずに、レッドゾーンを越えているのにそれをやめられません。

しかし、それではどんなに目に見える部分が成功したとしても、将来なかなかその子は〝幸せ〟と感じられないかもしれません。

人が〝幸せ〟と感じるためには、〝幸せの記憶〟が必要不可欠だからです。

いつ人が〝幸せの記憶〟を得られるかというと、その多くは大人に手厚く守られている幼少期なのです。

例えば、子どもが乳児幼児のうちに、

「お母さんにたくさんかわいがってもらい、一緒に過ごして楽しかった」
「家族がみんな笑顔でいて、今日も安心して過ごせた」
「今日はもう眠くなっちゃったけど、また明日も同じことをして過ごしたい」
「今日もやりたい遊びをたっぷりして満足して一日を終えられた」

子どもはそんな、安心と満足の経験の積み重ねから〝幸せ〟という実感を少しずつ得ていきます。

小さいうちから、親の願望を自分に投影されていたり、強い干渉や支配を受け続けて、「親の価値観」のなかでしか生きてきていない子がいます。

そうして、親の価値観と自分の姿をつねに引き比べて顔色をうかがうようになってしまうと、毎日の生活のなかで満足感、安心感が得られにくくなってしまいます。得られるのは、親が成果を認めて微笑んでくれたときだけです。

現実には、親の要求はたいてい「では、さらにもっと」となるので、その微笑みも十分なものであることはまれです。それでは幼少期に〝幸せ〟を感じることの少ない生育歴になります。

たとえその子が、大人になったとき成功者になっていたとしても、なかなか〝幸せ〟には手が届きません。その子は〝幸せ〟のモデルを知らないために、目指すべきゴールが見えないからです。

実は、この問題はいまの子どもたちだけにあるのではありません。現在、子どもの親になっている人たちが、すでにこの影響を強く受けています。親世代の人たち自身が、そのように自分の親から強い支配や、過干渉を受けて親の望むように育てられてきている人が少なくありません。知らず知らず、それを我が子に繰り返してしまっている人がいます。さらには、

「自分は親の期待に添うように生きてきた。なんとなく生きづらさを感じることはあったが、いままではそれでもなんとかやってこれた。でも、我が子の子育て

に直面して大きな無力感を感じている」

「私は親から、支配的に関わられるのがとても辛かった、我が子にそうはしたくないと思っているのだが、同じようなことを繰り返してしまい、自己嫌悪で子育てする毎日が苦しい」

「否定されることは多く、認められることは少ないまま、大変厳しく育てられ自己肯定感の低さに悩んできた。言うことを聞かない我が子の姿を見ると、周りの人からダメな母親と見られるのではないかと絶えずビクビクしてしまう。そして〝正しい姿〟にしなければとダメ出しばかりが増え、イライラがつのり、笑顔で関わることができなくなっている」

そのように、自分の生育歴上の問題が我が子の子育てに影を落とし、子育ての辛さ、大変さの遠因ともなっている人が、すでに少なからず見られます。

できることならば、この問題は次の世代に引き継がせるべきではないと僕は思うのです。親が子どものためと思ってしたことが、将来子どもを苦しめてはならないからです。

いまの大人は、子どもに大変関心が高く、熱心です。

しかし、目に見える成功や成果を子どもに得させようと躍起になる前に、子どもには〝日々が安心で、今日も楽しかった、満足した〟という経験がたっぷりと必要なことを忘れないでいてください。

そしてその経験こそが、人が〝幸せ〟になるための欠かせない条件であるのだと、僕は思います。

保育士おとーちゃん　須賀　義一

著者紹介
須賀義一（すが　よしかず）
1974年生まれ。子育てアドバイザー。東京都江戸川区の下町に生まれ、現在は墨田区に在住。大学で哲学を専攻するも人間に関わる仕事を目指して、卒業後国家試験にて保育士資格を取得。その後、都内の公立保育園にて10年間勤務。子どもの誕生を機に退職し、子育てアドバイザーとして、子育てについての研究を重ね、執筆、講演活動、ワークショップを展開。従来の子育てを見直し、個々の子どもを尊重した関わり、子育ての仕方を提案している。家族は妻と一男一女がいる。
第一作目の『保育士おとーちゃんの「叱らなくていい子育て」』（ＰＨＰ文庫）がロングセラーとなり、本作はそれに続く第二作である。

ブログ
http://hoikushipapa.blog112.fc2.com

フェイスブック
https://www.facebook.com/hoikushioto/

本書は、書き下ろし作品です。

PHP文庫　保育士おとーちゃんの「心がラクになる子育て」

2016年1月19日　第1版第1刷

著　者　須　賀　義　一
発行者　小　林　成　彦
発行所　株式会社ＰＨＰ研究所
東京本部　〒135-8137 江東区豊洲5-6-52
文庫出版部　☎03-3520-9617（編集）
普及一部　☎03-3520-9630（販売）
京都本部　〒601-8411 京都市南区西九条北ノ内町11
PHP INTERFACE　http://www.php.co.jp/

組　版　朝日メディアインターナショナル株式会社
印刷所
製本所　図書印刷株式会社

ISBN978-4-569-76473-3

保育士おとーちゃんの「叱らなくていい子育て」

須賀義一 著

お母さんたちに大人気のブログ『保育士おとーちゃんの育児日記』の著者が、子育てを単純に、楽しく変えるための具体的な方法を紹介。

定価 本体六二〇円（税別）